Claude Weiss

Die 28 Mondphasen der Geburt

J. Claude Weiss: geboren in Basel/Schweiz; abgeschlossenes ETH-Studium; frühes Interesse an Psychologie, Esoterik und Philosophie; zwei Jahre in Indien, wo er 1967 mit der Astrologie in Berührung kommt; ab 1977 professionelle astrologische Tätigkeit; kurz danach Gründung der Astrodata AG als astrologischer Ausrechnungs- und Deutungsservice (Horoskopzeichnungen und -deutungen mittels Computer); 1986 Gründung der Fachzeitschrift «Astrologie Heute», deren Herausgeber er ist; im gleichen Jahr erscheint das erste Buch in seinem Verlag Edition Astrodata. Leiter zahlreicher astrologischer Ausbildungskurse und Referent an internationalen Astrologiekongressen; Präsident des Schweizer Astrologenbundes (SAB) von 1987 bis 2018; Mitbegründer der Schule für Erwachsene (SFER).

Bücher: «Horoskopanalyse» Bd. 1 und Bd. 2, «Karmische Horoskopanalyse» Bd. 1 und Bd. 2, «Warum wir uns inkarnieren» sowie Mitautor von: «Pluto – Eros, Dämon und Transformation», «Visionen einer neuen Zeit», «Die Lilith-Fibel», «Wendezeit 2010–2012»

Claude Weiss

Die 28 Mondphasen der Geburt

Eine inspirierende Erweiterung des klassischen 8-Phasen-Mandalas

Edition Astrodata, 8907 Wettswil/Schweiz
Website: www.astrodata.com / E-Mail: verlag@astrodata.ch

Originalausgabe

Titelbild: Reflexe/Fotodienst Tremag/ruger

Horoskope: Astrodata AG, CH-8907 Wettswil

Druck & Bindung: Holzer Druck und Medien, D-Weiler
www.druckerei-holzer.de

ISBN 978-3-906881-03-4

Inhalt

Vorwort

Die herausragende Bedeutung, die astrologisch dem Sonne/Mond-Zyklus als Spiel von Licht und Schatten, Yang und Yin, Sonne und Mond in der Entwicklung des Individuums zukommt, hat der französisch-amerikanische Astrologe Dane Rudhyar bereits in seinem 1943 erschienenen Buch *The Pulse of Life,* hervorgehoben. Daraus wurde in der Folge *The Lunation Cycle* (1970), ein Buch, welches auf Deutsch unter dem Titel *Der Sonne/Mond-Zyklus – Ein Schlüssel zum Verständnis der Persönlichkeit* im Jahre 1988 erschien.

Auf Dane Rudhyar geht auch das Konzept zurück, dass der Sonne/Mond-Zyklus, in den wir hineingeboren werden, mit dem Neumond vor der Geburt seinen Anfang nimmt – ein Modell, das wir in unserer Schule (SFER – Schule für Erwachsene) weiterentwickelt haben und welches in meinen Büchern *Karmische Horoskopanalyse, Bd. 2* (1997) und insbesondere *Warum wir uns inkarnieren – Das Geheimnis des karmischen Neumondes* (2016) detailliert beschrieben wird. Diese Betrachtungsweise legt nahe, dass das Verhältnis zwischen Sonne und Mond in mancher Hinsicht bereits den Kern unserer Lebensgeschichte beinhaltet: Am Anfang steht der vorgeburtliche (karmische) Neumond, der sich in der Folge mit der Stellung der Sonne im Zeichen sowie ihren Aspekten über einen bewusst gegangenen Verwirklichungsweg sowie aufgrund des Mondes im Zeichen und dessen Aspekten über den unbewussten Weg der Seele und unserer gefühlsmässigen Bedürfnisse manifestiert. Zusätzlich hat Dane Rudhyar mit einem 8-Phasen-Mandala die Grundlage für die Deutung der Mondphasen der Geburt geschaffen, die als solche, sorgfältig interpretiert, ebenfalls Essenzielles über unseren Lebensplan verraten.

Nach einer kurzen Beschreibung der klassischen acht Sonne/Mond-Phasen der Geburt nach Rudhyar, die beim Neumond beginnen und beim Vollmond ihren Höhepunkt entfalten, möchte ich in diesem Buch einige weiterführende Gedanken zu einer feineren Differenzierung der Mondphasen in 28 Sequenzen oder «Mond-Stationen» entwickeln. Diese basieren auf dem Werk des irischen Dichters William Butler Yeats, der in seinem 1925 erschienen Buch, *A Vision,* 28 Lebensentwürfe vorgeschlagen hat, ohne jedoch eine konkrete Zuordnung zu den Mondphasen der Geburt mitzuliefern. Diese wurde viel später, ab den 1970er-Jahren, von einigen amerikanischen Astrologinnen und Astrologen vorgenommen.

Mit diesem Buch schliesst sich für mich der Kreis intensiver Beschäftigung mit dem Sonne/Mond-Zyklus, die vor rund 45 Jahren mit dem Mondknoten als Schnittpunkt zwischen Sonnen- und Mondbahn begann und nun in einer differenzierten Deutung der Sonne/Mond-Phasen ihren Abschluss findet.

Am Zustandekommen dieses Werks waren verschiedene Menschen beteiligt: Zuerst jene Personen, deren Horoskop mir aufzeigte, dass an den Mondphasen mehr dran ist, als die übliche Aufteilung auf acht Typen. So stellte ich fest, dass sich Menschen mit ähnlicher Lebensausrichtung im Hinblick auf ihre Mondphase in bestimmten, eng umrissenen Bereichen des Sonne/Mond-Zyklus häuften. Als ich nach einer Erklärung suchte, war es für mich eine Offenbarung, in meinem Büchergestell zwei Werke von amerikanischen Astrologen zu entdecken, die einen astrologischen Zuordnungsschlüssel zum schwer zugänglichen esoterischen Werk *A Vision* des irischen Dichters W. B. Yeats boten. Die Bücher standen bei mir über 20 Jahre im Regal, ohne dass ich sie je wirklich gelesen hätte. Die Begegnung mit diesem geheimnisvollen Material liegt nun etwa anderthalb Jahre zurück, und die vorliegenden Deutungen sind das Resultat einer intensiven Auseinandersetzung, die mich ganz in ihren Bann zog. So freue ich mich, Ihnen nun das Resultat dieser intensiven persönlichen Auseinandersetzung in Form eines Buches präsentieren zu können.

Dass dies überhaupt möglich wurde, verdanke ich verschiedenen Personen, die mich darin unterstützt haben: Trudy Baumann für ihre Geduld und Umsicht beim Erfassen und Lektorieren des Manuskripts und Armando Bertozzi für die Umsetzung und Bebilderung aufgrund einer Vorlage, deren Umfang nicht von vornherein feststand.

Wettswil, Oktober 2018

Claude Weiss

Mikhail Grachikov, depositphotos, Reflexe / Kurler

Das Grundmodell der Mondphasen

Die acht Persönlichkeitstypen nach Dane Rudhyar

Wenn Yin und Yang, Mond und Sonne zusammenkommen, entsteht etwas Neues und dessen Qualität lässt sich im Falle des Individuums noch vor der Geburt, durch Zeichen- und Häuser-Stellung sowie Aspekte des vorgeburtlichen Neumondes, charakterisieren. Zu jenem Zeitpunkt, der der Geburt um bis zu 30 Tage vorausgeht, nimmt der Sonne/Mond-Zyklus, der unser Leben prägt, seinen Anfang und wir kommen in der Folge in einer bestimmten Phase dieses Zyklus und unter einem bestimmten Winkel zwischen Sonne und Mond auf die Welt. Rudhyar untersuchte diese Sonne/Mond-Phasen und fasste die verschiedenen Entsprechungen in einer achtfaltigen Klassifikation zusammen, die inzwischen als Modell für die Charakterisierung sämtlicher evolutionärer Zyklen zur Anwendung kommt.[1] Der Vorteil dieser Achterteilung liegt darin, dass sie das Resultat einer mehrfachen Zweiteilung des Kreises darstellt, wobei jeder einzelne Teilungsschritt auch für sich betrachtet einen Sinn ergibt.

Auf diese Weise lassen sich die Menschen als erstes in zwei Gruppen aufteilen: jene, die bei zunehmendem Mond (zwischen Neumond und Vollmond) und jene, die bei abnehmendem Mond (zwischen Vollmond und Neumond) geboren wurden. In die erste Gruppe fallen Persönlichkeiten, die eine starke Motivation verspüren, etwas Konkretes aufzubauen, indem sie sichtbare Formen schaffen, während jene, die bei abnehmendem Mond geboren wurden, den Drang zeigen, sich von der Form zu lösen und ihr Wissen sowie ihre Erkenntnisse weiterzugeben. Rudhyar schildert diesen Prozess in folgenden Worten: *«Die Aspekte oder Phasen des zunehmenden Hemizyklus' sind Schritte beim Prozess des organischen, instinktiven Wachstums; die des abnehmenden Hemizyklus' sind Schritte beim bewussten Prozess der schöpferischen Befreiung, durch die das vom Vollmond erleuchtete Individuum zumindest ein kleines Mass von Unsterblichkeit gewinnt.»*[2]

Etwas vereinfacht könnte man sagen, dass Menschen, die zwischen Neumond und Vollmond geboren werden, stolz darauf sind, etwas Sichtbares in die Welt zu setzen, während jene, die zwischen Vollmond und Neumond auf die Welt kommen, sich eher motiviert fühlen, aus Erfahrungen zu lernen, indem sie aus dem Erlebten die Quintessenz ziehen, wie wenn sie – in der zweiten Phase des Zyklus geboren – schon ein Bewusstsein dafür hätten, dass sie, wenn der nächste Zyklus beginnt, keine konkreten Formen mitnehmen können, sondern lediglich die Erfahrungen, die sie im vorhergehenden Zyklus gesammelt haben.

Diese Sichtweise findet darin eine Bestätigung und einen konkreten Ausdruck, dass in der Mundanastrologie Zeiten, in denen sich Planetenpaare in grosser Zahl zwischen Konjunktion und Opposition befinden, als Perioden des Wachstums, der Entfaltung und der Expansion der Gesellschaft betrachtet werden. Umgekehrt sind Zeiten mit vielen Planetenpaaren in der abnehmenden Phase des Zyklus (zwischen Opposition und Konjunktion) solche, die von wirtschaftlicher Kontraktion, Rückzugstendenzen und Pessimismus geprägt sind. Dies gilt allerdings für eine «weltliche» und materialistische Betrachtungsweise, in welcher Fortschritt und Expansion im Vergleich zu Weisheit, Philosophie und Konsolidierung in einem eindeutig positiveren Lichte betrachtet werden. Dass diesem Ansatz eine gesellschaftliche Wertung anhaftet ist offensichtlich und er eignet sich deshalb nicht, um auf die Definition der Mondphasen-Typen bei der Geburt angewandt zu werden. Dessen Bedeutung kommt allerdings in etwas abgewandelter Form bei der Betrachtung der zyklischen Prozesse der Lunationen des progressiven Mondes zum Tragen: In den 14–15 Jahren zwischen progressivem Neumond und progressivem Vollmond befinden wir uns in einer Phase, in der wir ein neues Bewusstsein entwickeln, was beim progressiven Vollmond zu sichtbaren Entsprechungen führt. Im positiven Fall gefällt uns das Ergebnis und wir gehen in der abnehmenden Phase des progressiven Sonne/Mond-Zyklus dazu über, die neu gewonnenen Erkenntnisse, die uns durch unsere Aktivität in der Welt (zunehmender Zyklus) zugeflossen sind, zu verdauen und unter die Menschen zu bringen (abnehmender Zyklus), bevor, kurz vor der nächsten Konjunktion, die Vorbereitung auf einen neuen Zyklus beginnt.

Nun lassen sich aber auch die zunehmende und die abnehmende Phase des Sonne/Mond-Zyklus, die durch Neu- und Vollmond ihren Anfang nehmen, ebenfalls in zwei Perioden unterteilen, die durch eine Entscheidungskrise voneinander getrennt sind. Dabei handelt es sich um das Quadrat zwischen den beiden Lichtern, das jeweils 7–8 Tage nach dem Neu- oder Vollmond – und am Himmel in Form des zu- oder abnehmenden Halbmondes – in Erscheinung tritt.

Entsprechend seiner Definition des zunehmenden Zyklus als einer Zeit des Handelns, während der neue Formen geschaffen werden, spricht Rudhyar beim ersten Quadrat des Sonne/Mond-Zyklus von einer Zeit der «Krise im Handeln», wohingegen wir es im abnehmenden Zyklus, welcher mit der bewussten Verarbeitung des Erlebten zu tun hat, beim zweiten Quadrat mit einer «Krise im Bewusstsein» zu tun haben. Im ersten Fall geht es um die «zukünftige Objektivierung neuer sozialer

Ideale», im zweiten Fall darum, die eigenen «ideologischen Überzeugungen in klaren Gedankensystemen und/oder konkreten Institutionen verwirklicht zu sehen». Dem entsprechen in der zunehmenden Phase Gründerpersönlichkeiten wie Charles de Gaulle oder Konrad Adenauer, in der abnehmenden Phase Reformer wie Rudolf Steiner oder Mahatma Gandhi.

Die durch eine weitere Zweierteilung entstehende zusätzliche Differenzierung durch Halb- und Anderhalbquadrate des Mondes zur Sonne ergibt sich aus den im Folgenden beschriebenen acht Mondphasen-Typen (vgl. auch Abb. «Das achtfaltige Sonne/Mond-Phasen-Mandala» nach Dane Rudhyar gegenüber):

1. Der Neumondtypus: Zwischen Traumwelt und pionierhafter Impulsivität

Im achtfaltigen Sonne/Mond-Phasen-Mandala von Dane Rudhyar charakterisiert die Neumondphase, die von der Konjunktion zwischen Sonne und Mond bis zum Abstand von 45 Grad zwischen den beiden Gestirnen verläuft, die erste Phase des Zyklus. Sie umfasst neben der Konjunktion das Halbsextil und damit die Winkelbeziehungen, die kurz vor dem Halbquadrat gebildet werden.

In dieser Mondphase gehen wir zunächst spontan und unbelastet auf die Welt zu. Neugierig und impulsiv, reagieren wir in einer Stimmung jugendhaften und unbewussten Interesses auf das, was uns umgibt. Dabei geht es darum zu entdecken, wer wir sind, welche Entfaltungsmöglichkeiten uns die Welt bietet und wo uns vielleicht Grenzen gesetzt werden. Wir wollen herausfinden, wie sich unsere vielfältigen Talente zum Ausdruck bringen lassen.

Es gibt im I Ging beim 30. Zeichen («Li – Das Haftende, das Feuer») eine Passage, die die Situation des Neumondtypus zu Beginn seiner Erforschung der Welt recht gut beschreibt:

«Die Fussspuren laufen kreuz und quer […] es ist früher Morgen. Die Arbeit beginnt. Nachdem im Schlaf die Seele von der Aussenwelt abgeschlossen war, fangen nun die Beziehungen zur Welt wieder an. Kreuz und quer laufen die Spuren der Eindrücke. Eilige Geschäftigkeit.»

Dieser Beschreibung folgt aber die Ermahnung:

«Wichtig ist dabei, die innere Sammlung zu bewahren, sich nicht mitreissen zu lassen von dem Getriebe des Lebens. Wenn man ernst und gesammelt ist, so erlangt man die nötige Klarheit zur Auseinandersetzung mit

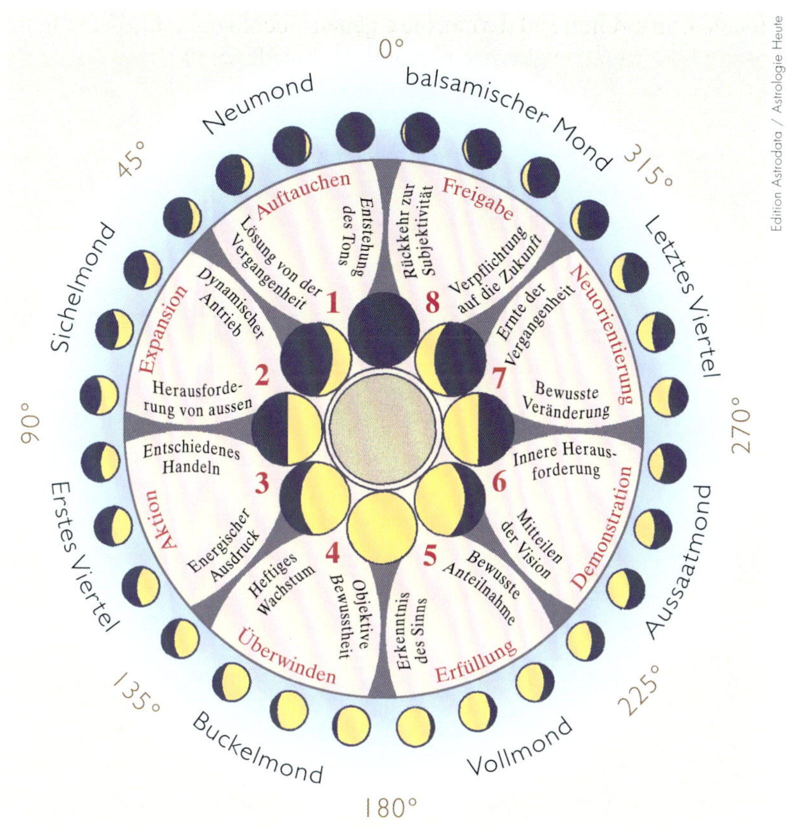

Das 8-faltige Sonne/Mond-Phasen-Mandala nach Dane Rudhyar

den zahlreichen Eindrücken, die auf einen einstürmen. Gerade zu Anfang ist solch gesammelter Ernst besonders wichtig; der Anfang enthält die Keime zu allem Weiteren.» [3]

Wie diese Zeilen uns vermitteln, ist bei der grossen Aktivität, die in dieser Phase entfaltet wird, die richtige Gesinnung entscheidend, was bedeutet, dass man «sich selbst treu bleibt». Da uns das Ziel, auf das wir zusteuern, nicht bekannt ist, mag es umso wichtiger sein, dass wir uns auf den Weg konzentrieren. Dabei sollten wir der Kraft und Motivation folgen, die uns antreibt.

Am subjektivsten und urtümlichsten ist dabei unsere Haltung, wenn Sonne und Mond im gleichen Zeichen stehen oder Sonne und Mond sich im Abstand von maximal 30 Grad voneinander befinden. In diesen Fällen liegen Wollen und Fühlen nahe beieinander, was uns eine enorme Kraft vermittelt, die zu grossen Entwürfen und pionierhaften Taten befähigt. Wir haben aber auch wenig Distanz zu unseren subjektiven Impulsen und müssen von der Motivation ausgehen, die uns der vorgeburtliche Neumond im Zeichen und seinen Aspekten sowie Sonne und Mond unseres Geburtshoroskops vermitteln, um die reichlichen Talente, über die wir verfügen, zu bündeln und schliesslich auf ein Ziel hin zu fokussieren.

Lange Zeit neigen wir dazu, die Welt aus unserer ganz subjektiven Perspektive zu betrachten und nehmen erst im Laufe der Jahre, aufgrund der Reaktionen der Mitwelt, einen differenzierteren Standpunkt ein. Dabei kann es in unserem Leben zwei Phasen geben:

In einer ersten Periode stehen wir unter dem Drang, in die Welt hinauszugehen und Erfahrungen zu sammeln, die dazu beitragen, dass unsere Persönlichkeit heranreift und wir daran wachsen. In einer zweiten Phase kann es uns dann gelingen, unsere Ziele präziser zu umreissen und zu definieren. Dabei lernen wir, Abstriche an einigen Wunschvorstellungen und den scheinbar unbegrenzten Möglichkeiten zu machen, die in der ersten Phase vor unserem inneren Auge aufleuchteten. Aus der Vielfalt der Alternativen lernen wir zu wählen, indem wir Prioritäten setzen und jene Optionen verwerfen, die im Widerspruch zu dem stehen, was wir zutiefst bejahen und dementsprechend als erste Priorität betrachten.

Die Wichtigkeit von Element- und Zeichenstellung

Dabei ist die ursprüngliche Motivation je nach Element, in welchem der karmische Neumond, die Geburtssonne und der Geburtsmond stehen, unterschiedlicher Art. Herrscht das Element Feuer vor, ist eine starke Neigung vorhanden, von der eigenen Überzeugung auszugehen und dafür beim Publikum Anklang zu finden. Ein überzeugendes Beispiel dafür vermittelt die Sängerin Céline Dion, bei der karmischer Neumond, Sonne und Mond allesamt im Widder-Zeichen stehen. Als jüngstes einer Familie von 14 Kindern wurde sie bereits im Alter von 14 Jahren international bekannt, als sie am World Popular Song Festival in Tokio 1982 als Kanadierin für Frankreich teilnahm. Dions Ausstrahlung muss enorm gewesen sein, wenn man bedenkt, dass ein von ihrer Mutter und einem ihrer Brüder komponiertes und von Céline gesungenes Lied, das sie dem Musikermanager René Angélil schickten, diesem derart Eindruck machte, dass er gleich auf ihr Talent setzte und sich verschuldete, um ihr erstes Album finanzieren zu können. Der Titel des Liedes, «Ce n'est qu'un rêve» (Es ist nur ein Traum), ist dabei vielsagend für die Neumondphase, in der man – vornehmlich bei Sonne und Neumond im gleichen Zeichen – aus inneren Bildern aufwacht, um sich der äusseren Welt zu stellen (bei Céline Dion stehen Sonne und Mond im Widder-Zeichen, je nach zugrunde gelegter Geburtszeit im Abstand von lediglich 9 ½ oder 14 Grad). Auch die Kombination von Sonne im Feuer und Mond in der Erde scheint Sänger und Schauspieler ebenso wie Philosophen zu inspirieren, denn wir finden mit dem karmischen Neumond und der Sonne im Feuer sowie dem Mond in der Erde erfolgreiche Sängerinnen und Sänger wie Diana Ross, Elton John und Norah Jones, den Schauspieler Quentin Tarantino sowie den Philosophen René Descartes (allesamt mit Sonne in Widder und Mond in Stier) und im Weiteren, mit der Kombination Löwe/Jungfrau, Madonna *(Fig. 1, folgende Seite)* sowie Robert Redford und schliesslich, mit der Sonne in Schütze und dem Mond in Steinbock, Brad Pitt und Bhagwan Shree Rajneesh.

Mit allen drei Faktoren in der Erde sticht der charismatische Widerstandskämpfer und Verteidiger seines Landes gegen äussere Aggression, Ho Chi Minh (Neumond, Sonne und Mond in Stier mit einem Abstand zwischen Sonne und Mond von bloss 1 Grad), hervor. Vermischt sich eine markante Erdbetonung (Neumond und Sonne in der Erde) mit dem Mond in der Luft, lässt sich eine starke Verbindung zwischen Beharrlichkeit und Instinktverbundenheit mit der Beweglichkeit des Luftelements feststellen. Dabei stehen bei Sigmund Freud, Teilhard de Chardin und Johannes Paul II. Neumond und Sonne in Stier und Mond in Zwillinge, während George Gurdjeff die Kombination zwischen Neumond und Sonne in Steinbock mit Mond in Wassermann illustriert.

Alle drei Faktoren in der Luft beobachten wir bei Heidi Klum, Königin Victoria, Brooke Shields, John Maynard Keynes (Zwillinge) und bei Kate Winslet und Romy Schneider (Waage). Neumond und Sonne in der Luft in Verbindung mit dem Mond in Wasser weisen hingegen die Horoskope von Jimmy Carter (Waage/Skorpion) und Ludwig Erhard (Wassermann/Fische) auf.

Eine starke Wasserbetonung mit allen drei Faktoren in Wasser-Zeichen vermittelt dem Leben eine grosse Gefühlsbetontheit, starkes Einfühlungsvermögen und ausgeprägte Fantasie. Die Kombination kann allerdings auch dazu führen, dass die Aufmerksamkeit sich auf Missstände und Fehlentwicklungen der äusseren Welt fokussiert, die zuweilen dichterisch oder künstlerisch umgesetzt werden. So fällt auf, dass der Schriftsteller George Orwell, der beängstigende Zukunftsvisionen der Welt entwarf, alle drei Faktoren im Krebs-Zeichen aufweist, während der schonungslose politische und sozialkritische Karikaturist Honoré Daumier, der im 19. Jahrhundert in Frankreich die gesellschaftlichen Missstände in seinen Zeichnungen festhielt, sowohl den karmischen Neumond als auch Sonne und Mond im Fische-Zeichen aufwies. Diese Kombination finden wir auch beim Musiker und Komponisten Maurice Ravel. Zu den heutigen Vertretern einer Ballung aller drei Faktoren in einem Wasser-Zeichen gehören die Sängerin Katy Perry (Skorpion) und die Journalistin und Autorin Arianna Huffington. Sehr kreativ erscheint die Kombination von Wasser und Feuer, in der Form, wie wir sie mit Neumond und Sonne in Fische und Mond in Widder sowohl bei Steve Jobs als auch bei Galileo Galilei beobachten.

Beispiel: Madonna

In *Fig. 1* ist das Geburtshoroskop der Sängerin und Schauspielerin ***Madonna*** abgebildet. Die Sonne befindet sich im zwölften Haus und der Mond steht lediglich 18 Grad davon entfernt am Aszendenten im Jungfrau-Zeichen, womit Madonna zum Neumondtypus gehört.

Fig. 1

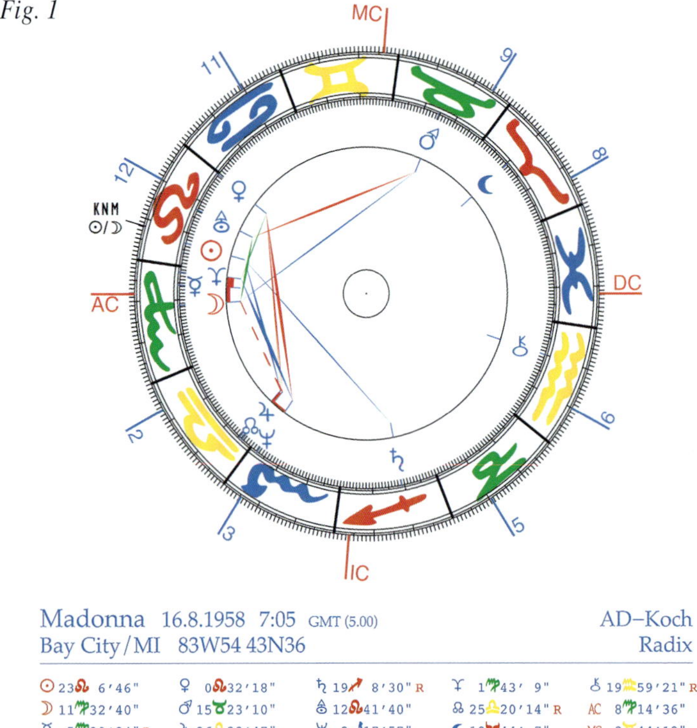

Die Kraft für eine erfolgreiche Verwirklichung im Rahmen einer selbstgewählten künstlerischen Karriere dürfte allerdings von ihrem vorgeburtlichen Neumond kommen, der einen Tag vor ihrer Geburt ebenfalls im Löwe-Zeichen und, im Karmischen Neumondhoroskop (nicht abgebildet), im fünften Haus stattfand. Ihre Entschlossenheit, in Verbindung mit Beharrlichkeit und ausgeprägten organisatorischen Fähigkeiten (Saturn Trigon Sonne und Jungfrauqualitäten), hat Madonna dazu befähigt, trotz Anfangsschwierigkeiten konsequent und erfolgreich ihre künstlerische Karriere und ihre Selbstdarstellung voranzutreiben und sich über lange Zeit immer wieder durch neue Stilformen in Szene zu setzen.

2. Der Sichelmondtypus: Im Kampf gegen die Gespenster der Vergangenheit

«Die Anfangsschwierigkeit bewirkt erhabenes Gelingen.
Fördernd durch Beharrlichkeit.
Man soll nichts unternehmen.
Fördernd ist es, Gehilfen einzusetzen.

Werdezeiten haben Schwierigkeiten. Es ist wie eine Erstgeburt. Aber diese Schwierigkeiten entstehen aus der Fülle dessen, was nach Gestaltung ringt. Es ist alles in Bewegung begriffen, darum ist trotz der vorhandenen Gefahr Aussicht auf großen Erfolg da, wenn man Beharrlichkeit hat. [...] *Ebenso ist es von großer Wichtigkeit, dass man nicht allein bleibt. Man muss Gehilfen haben, um gemeinsam mit ihnen das Chaos zu bewältigen.»* [3]

Die Sichelmondphase reicht von einem Abstand zwischen Sonne und Mond von 45 bis 90 Grad. Ist man in dieser Zyklusphase geboren, sind die Visionen und Ziele des Neumondes, der 1–3 Zeichen vorher stattgefunden hat, noch sehr lebendig und spürbar. Nun begegnen wir allerdings den Hemmnissen und Schwierigkeiten, die das Leben der Verwirklichung dieser Ziele entgegenstellt. Im positiven Fall spornt dies den Willen zu besonderen Taten an und wir lernen, uns gegen Widerstände durchzusetzen.

Dabei besteht die Aufgabe, die sich uns präsentiert, darin, die Rückmeldungen, die wir von der Mitwelt erhalten, ebenso zu berücksichtigen wie unsere Herzenswünsche. So geht es um gezielte Anstrengungen, bei gleichzeitigem aufmerksamem Zuhören, um zu verstehen, was die anderen uns mitteilen wollen. Man kann diese Phase auch so definieren, dass zwischen unserem solaren Willen und unserer lunaren Empfänglichkeit, die mit vielen alten Gewohnheiten einhergeht, eine Beziehung hergestellt werden muss.

Setzt sich dabei ausschliesslich der Wille durch, gehen wir mit unseren Vorhaben an den anderen vorbei und haben wegen fehlender Unterstützung Mühe, unsere Pläne zu verwirklichen. Auch kann es sein, dass wir uns ein Programm aufzwingen, welches unseren unbewussten Bedürfnissen zuwiderläuft, was dazu führt, dass wir uns in kritischen Situationen selbst sabotieren. Wenn wir die Botschaften der anderen ernster als unsere eigenen Ziele nehmen, kann uns auch die Grundmotivation, die uns ursprünglich anspornte, abhandenkommen und wir verpassen wertvolle Gelegenheiten, unsere Selbstverwirklichung voranzutreiben. Dabei werden wir unzufrieden und beginnen, uns zu langweilen.

Die Probleme, die bei dieser Phase auftauchen, haben meist mit unverarbeiteten psychologischen Mustern aus früheren Zeiten zu tun. Da noch wenig Distanz zum letzten Sonne/Mond-Zyklus besteht, können unerlöste Themen aus der Vergangenheit dazwischenfunken und uns zwingen, eine Pause einzuschalten, um alte Verstrickungen anzugehen. Dann kommt es zu einem Hin und Her: Wir machen zwei Schritte nach vorne und einen zurück, in schwierigen Phasen vielleicht auch zwei zurück, sodass wir das Gefühl haben, nicht vom Fleck zu kommen. Dabei kann es eine gewisse Lebenserfahrung brauchen, um erfolgreich mit den überholten Mustern aus der Vergangenheit umzugehen. Dies mag heissen, dass wir einige Probleme von früher erst in einer späteren Lebensphase bewältigen, nachdem wir eine gelassenere Haltung entwickelt haben.

So besteht unsere grösste Herausforderung darin, von Glaubenssystemen, Vorstellungen und Ängsten aus der Vergangenheit unabhängig zu werden, indem wir den sich uns stellenden Hindernissen aus der Vergangenheit resolut entgegentreten. Dabei müssen wir uns von früheren Gewohnheiten, die uns anketten und unselbständig machen, Schritt für Schritt befreien. Dies kann auch bedeuten, dass wir in unserem Umfeld jene enttäuschen müssen, die uns weiterhin in der Rolle halten möchten, die wir früher verkörperten. Dabei mag der Anfang am schwierigsten sein. Haben wir im Überwinden von Hindernissen eine gewisse Übung erlangt, fällt es uns dann leichter, mit unserem disziplinierten Vorgehen weiterzufahren. So entwickeln wir, dadurch, dass wir uns durchsetzen und in Einklang mit unseren Zielen erleben, Selbstvertrauen und wir entwerfen neue, vielversprechende Visionen, die uns zur Realisierung weiterführender Projekte anspornen.

Beispiele: Franz Beckenbauer *(Fig. 2),* Warren Buffett (im Grenzbereich zum Erstvierteltypus), Fidel Castro, Dalai Lama (KNH *Fig. 3* und Radix *Fig. 4, s. folgende beiden Seiten*), Martin Luther King, Helmut Kohl, Maria Montessori, Elon Musk, Ronald Reagan, Eckhart Tolle.

Beispiel: Franz Beckenbauer

Bei ***Franz Beckenbauer*** *(Fig. 2)* steht die Sonne in Jungfrau im vierten Haus und im Quadrat zum Uranus, während der Mond, im Abstand von 59 Grad von der Sonne entfernt, ins fünfte Haus und ins Skorpion-Zeichen fällt (Sextil Sonne, Quadrat Venus, Trigon Saturn und Quinkunx Uranus). Damit entfaltet sich die Anlage des Karmischen Neumondhoroskops (Sonne Konjunktion Mond in Jungfrau und im neunten Haus, Quadrat Uranus) in der Weise, dass sie durch Freude am Repräsentieren (Mond im fünften Haus) über eine machtvolle und geheimnisvoll hintergründige Position (Mond in Skorpion) zum Ausdruck kommt. Aufgrund eines harmonischen Sextilaspektes zeigt sich der Mond im Hinblick auf die von der Sonne verkörperten Ziele unterstützend.

Fig. 2

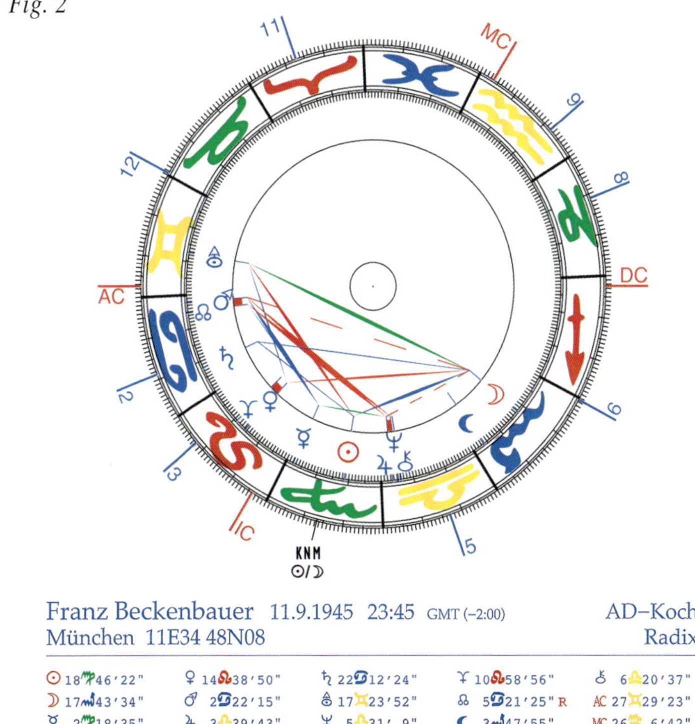

Beispiel: Dalai Lama

Im Falle des ***Dalai Lama*** richten wir, in Anbetracht der Unsicherheit der Geburtszeit, unsere Aufmerksamkeit zuallererst auf das in *Fig. 3* abgebildete Karmische Neumondhoroskop (KNH): Der karmische Neumond steht bezeichnenderweise im Krebs-Zeichen und im zweiten Haus des KNH, im Trigon zum Saturn und zum Jupiter. Dabei zeigt der Pluto am absteigenden Mondknoten im Krebs-Zeichen, jenem Zeichen, in welchem der karmische Neumond des Dalai Lama steht, das Trauma der Fremdbestimmung des eigenen Volkes. Für den Dalai Lama ist die Verneinung der Selbstbestimmung seines Volkes (Krebs-Zeichen im zweiten Haus, welches für das eigene Revier steht) ein zentrales Thema. Das hindert ihn aber nicht, eine philosophische Haltung einzunehmen und der Welt ein Beispiel für Güte und stimmige Werte zu sein; Botschaften, die er mit grosser Bescheidenheit (Mond in Jungfrau, *Fig. 4*) herüberbringt. Als zurzeit zuverlässigstes Horoskop für den Dalai Lama gilt jenes mit einer korrigierten Zeit von 4.38 Uhr (in *Fig. 4* abgebildet) und es zeigt interessanterweise einen Aszendenten, der auf 1 Grad genau auf den karmischen Neumond fällt. Aus dem Gesamtbild ergibt sich mit dem

Fig. 3

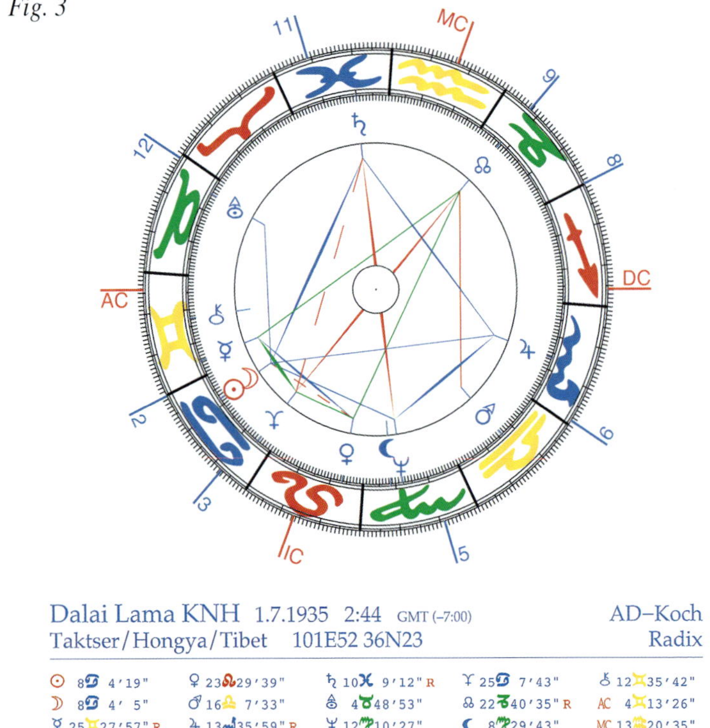

Mond, der im Moment der Geburt die Lilith/Neptun-Konjunktion des Neumondhoroskops, in Opposition zum Saturn, erreicht, eine schöne Drachenfigur, die das philosophische und spirituelle Potenzial des Geburtsbildes verstärkt.

3. Der Erstvierteltypus: Krise im Handeln und tatkräftige Überwindung von Hindernissen

Zu diesem Typus gehören jene Menschen, deren Mond zwischen 90 Grad und 135 Grad der Sonne vorauseilt, das heisst Personen, die zwischen 7 und 10 ½ Tagen nach Neumond geboren wurden.

Die Phase beginnt mit dem am Himmel sichtbaren Halbmond, ein Bild, welches entsteht, wenn der Mond 3 Zeichen von der Sonne entfernt ist. Dabei deutet die halbe Mondsichel mit gerader Schnittfläche an, was auf dem Weg zum Vollmond mit Hindernissen zu tun ist: abschneiden und hinter sich lassen. So haben wir es in dieser Phase mit der ausgeprägtesten Verbindung zwischen Mond und Mars zu tun, die man sich vorstellen kann. Auch gilt das Quadrat, welches dabei gebildet wird, als markanter Spannungsaspekt, der in den meisten Fällen mit einem starken

Fig. 4

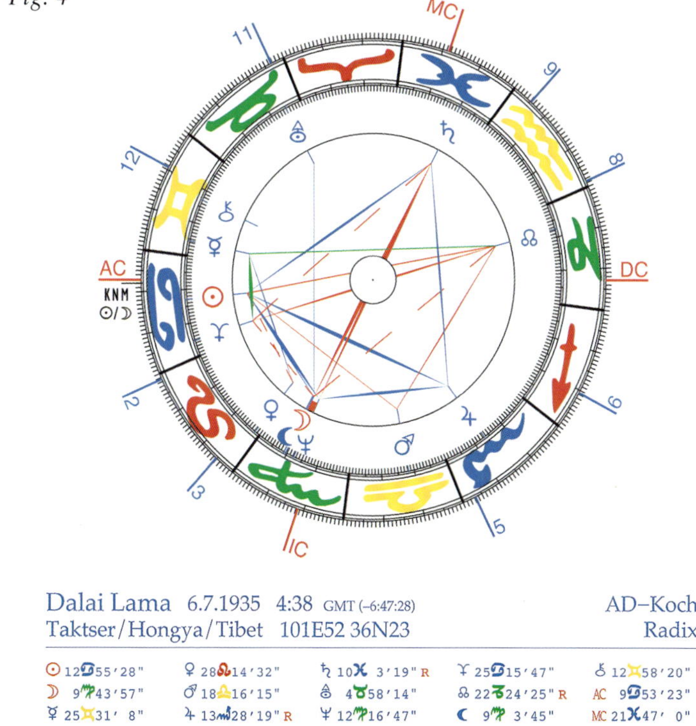

Willen einhergeht, sich uns in den Weg stellende Hindernisse zu überwinden. Dabei ist der innere Druck derart stark, dass er zum Ansporn für Handlungen in der Aussenwelt wird und wir treffen dementsprechend bei dieser Mondphase dynamische und handlungsorientierte Persönlichkeiten an, die in der Welt einiges verändern. Dane Rudhyar meint dazu:

«In der positiven Ausprägung dieses Typus ist gewöhnlich ein starker Wille zu finden und vielleicht ein Gefühl der Begeisterung, wenn alte Strukturen zerbrechen, und das (zuweilen) rücksichtslose Bestreben, das neue Ideal zu konsolidieren.» [2]

Dies kann bedeuten, dass wir besonders in Fahrt geraten, wenn wir auf abbaureife Strukturen stossen, die nicht mehr funktionieren und die zu erneuern sind. Leyla Rael-Rudhyar beschreibt diese «Krise im Handeln» folgendermassen:

«Sowohl der Übergang des Mondes zur Aussenseite der Erdumlaufbahn, als auch seine Gestalt (eine Sichel mit gerader Schneide, die durch den Nachthimmel zieht), sind Symbole der Teilung, einer eindeutigen Trennung von der Vergangenheit. Wenn die neue Richtung des Lebens wachsen und gedeihen soll, müssen alte Formen des Verhaltens, Denkens, Fühlens usw. verworfen werden.» [2]

In dieser Mondphase spüren wir ein starkes Bedürfnis, uns von unserer Herkunft wegzuentwickeln und pionierhaft auf neue Herausforderungen zuzugehen. Dabei ist entscheidend, ob wir uns diesen stellen oder aus Angst zurückweichen und vielleicht anderen die Schuld für unseren verpassten Durchbruch geben. Wir fahren allerdings besser, wenn wir die Herausforderungen, denen wir begegnen, annehmen, denn es entspricht einem vergeblichen Unterfangen, Sicherheit in den zerfallenden Strukturen, denen wir in dieser Mondphase begegnen, zu suchen. Lohnender sind mutige Schritte in die Zukunft, in Verbindung mit der Bereitschaft, aus eigenen Fehlern zu lernen und uns von alten Gewohnheiten zu verabschieden, indem wir, wenn uns einmal etwas nicht gelingt oder wir in unsere alten Muster zurückfallen, es immer wieder versuchen und dabei die Erfahrungen einfliessen lassen, die wir aus früheren erfolglosen Versuchen gewonnen haben.

Dieses Vorwärtsdrängen ist auch deshalb wichtig, weil wir aus dem Überwinden des Alten und aus dem Erlebnis, dass dieses zusammenbricht, um zum Dünger des Neuen zu werden, eine starke Motivation beziehen. So sind leidenschaftliches Engagement und Handlungsbereitschaft in dieser Mondphase, unabhängig vom Aspekt, der vom Quadrat zum Trigon reicht, entscheidende Qualitäten, um Erfolg zu haben und ein erfülltes Leben zu führen. Dementsprechend finden wir mit solchen Stellungen viele Unternehmerinnen und Unternehmer, die früh den Schritt in die Selbständigkeit taten, weil sie sich vom Erlebnis des Neuanfangs und des gezielten Aufbaus neuer Strukturen beflügelt fühlten.

Beispiele: Nikita Chruschtschow, Marie Curie, Charles de Gaulle, Michael Douglas, Elisabeth II., Roger Federer, John F. Kennedy, Jennifer Lopez, Martin Luther (im Grenzbereich zum Buckelmondtypus), Max Planck, Justin Trudeau.

Beispiel: Roger Federer

Bei ***Roger Federer*** *(Fig. 5)* fallen der karmische Neumond ebenso wie die Radix-Sonne ins Löwe-Zeichen und im KNH (nicht abgebildet) auf Mondknoten und Aszendent, was eine Sonnenfinsternis in der Halbsumme zwischen (und jeweils im Halbsextil zu) Mars und Venus anzeigt, während der Radix-Mond ins Skorpion-Zeichen fällt (Quadrat zwischen Radix-Sonne und Radix-Mond im Orb von 5 Grad). Ähnlich wie bei Ma-

Fig. 5

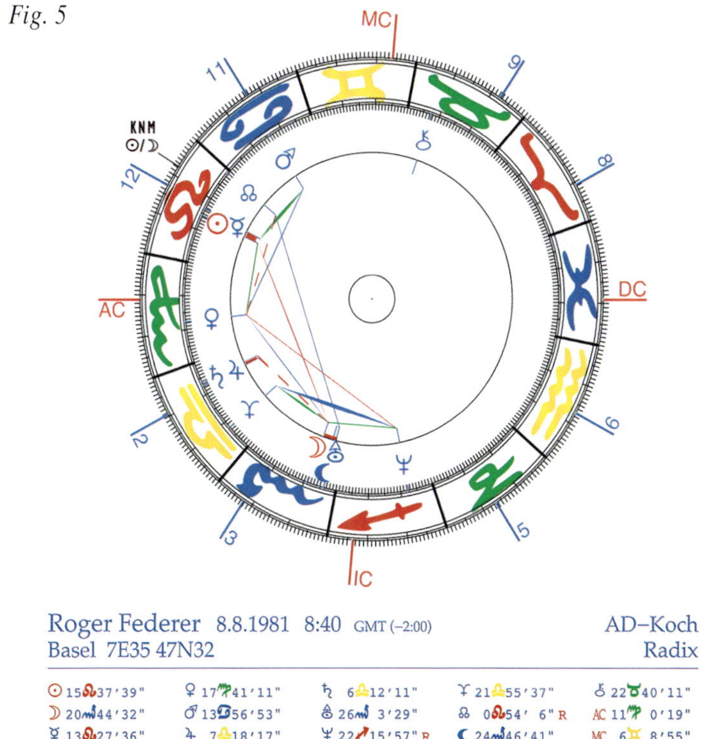

donna vermittelt erst das Karmische Neumondhoroskop ein überzeugendes astrologisches Bild von jemandem, der die Motivation in sich trägt, sich zum Star zu entfalten.

In beiden Fällen stehen karmischer Neumond und Sonne in Löwe im KNH in Feuerhäusern (bei Madonna im fünften und bei Federer im ersten Haus) und die Radix-Sonne steht im zwölften Haus, während der AC sich jeweils im Jungfrau-Zeichen befindet. Die Kombination von Löwe und Jungfrau ist optimal, um dem kreativen Willenseinsatz der Sonne in Löwe die nötige Methodik und Detailarbeit (Jungfrau) folgen zu lassen. Die antreibende Motivation, es zu Prominenz zu bringen, wird allerdings von Geburt an aus der Doppelverbindung zwischen dem Neumond in Löwe im ersten (Federer) bzw. fünften Haus (Madonna) gespiesen.

4. Der Buckelmondtypus: Vor dem Durchbruch die letzten blinden Flecken ausmerzen

Diese Mondphase entspricht einer Mond-Stellung, die 135–180 Grad von der Sonne entfernt ist. Der aus der Astronomie stammende Begriff «Buckelmond» charakterisiert bei den Geburten, die in den letzten 3–4 Tagen vor dem Vollmond stattfinden, eine Mondform, der nur noch wenig fehlt, bis sie unserem Auge als ganz rund erscheint. Zu dieser Gruppe meint Dane Rudhyar:

«Diese Menschen neigen dazu, viel Aufmerksamkeit auf die Entwicklung Ihrer Fähigkeiten zu persönlichem Wachstum zu verwenden. Sie wollen ihrer Gesellschaft, ihrer Kultur oder dem ‹Leben› allgemein Werte und Bedeutung schenken. Sie fragen immer wieder: ‹Warum?›. Sie arbeiten an einer Klärung persönlicher oder soziokultureller Anliegen und haben dabei ein für sie bedeutendes Ziel im Sinn. Gewöhnlich besitzen sie einen scharfen Verstand und die Fähigkeit, Ideen und Konzepte assoziativ zu verbinden, wodurch sie eine Art von Offenbarung oder Erleuchtung möglich machen. Sie können sich einer grossen Person oder Sache unterordnen und/oder von anderen verlangen, mit der gleichen Hingabe für sie zu arbeiten.» [2]

So lässt sich diese Mondphase durch eine Neigung zur Analyse und einen ausgeprägten Drang nach Wachstum charakterisieren. Das Bedürfnis, effizient zu funktionieren, ergänzt diese Eigenschaften. Indem die den Dingen zugrunde liegenden Strukturen verstanden werden, kommen wir in die Lage, die dabei identifizierten Prinzipien für die Lancierung neuer Projekte einzusetzen. Nicht immer fällt es aber leicht zu verstehen, warum andere dem eigenen Beispiel nicht folgen, und auf ihrer andersartigen Handlungsweise beharren. Daran lässt sich eine Lernaufgabe ausmachen:

Bei der Geburt ist der Mond fast voll, aber noch nicht ganz. Im übertragenen Sinne sind wir fast, aber noch nicht ganz am Ziel. Die Stimmigkeit unserer kreativen Arbeit wird noch getestet. So wie der Mond noch Unvollkommenheiten anzeigt, braucht es einige Verfeinerungen, um erfolgreich zu sein. Dabei kann es sein, dass wir beim Verpassen des letzten Schliffs aufgehalten werden und unsere Aufmerksamkeit auf «blinde Flecken» gelenkt wird, die wir bisher immer wieder übersahen, bis wir schliesslich den Schritt tun, diese bewusst zu machen und zu integrieren. Versuchen wir dabei, mit aller Kraft unsere Vorstellungen durchzuboxen, lassen uns die Umstände keine Ruhe, bis wir bestimmte Themen, die uns bisher nicht ins Konzept passten, akzeptieren und einbeziehen.

Die Gründe für das Übersehen bestimmter Motive können in unserer Kindheit liegen und mit schmerzlichen Erinnerungen sowie schwierigen Elternerfahrungen zu tun haben. Solche unverarbeiteten Themen weisen uns auf die persönlichen Schwachstellen hin, die in den Ausführungen unserer Projekte immer wieder zu lästigen Verzögerungen führen.

Auch wenn wir meinen, mehr Effizienz anzustreben, geht es in dieser Mondphase letztlich nicht in erster Linie um das bessere Funktionieren. Vielmehr sollten wir uns vielleicht der Erkenntnis öffnen, dass wahre Kreativität und Selbstverwirklichung nicht durch Willenseinsatz erreicht werden, sondern es vielmehr darum geht, sich selbst zum Kanal für das Fliessen kreativer Energien zu machen. Durch eine Haltung der Akzeptanz und des Annehmens irritierender Hemmnisse, kommt unseren «blinden Flecken» die Bedeutung von Eigenschaften zu, die sich dadurch zum Positiven wandeln, dass wir ihnen unsere wohlwollende Aufmerksamkeit widmen.

Beispiele: Alec Baldwin, Silvio Berlusconi, Hillary Clinton, Bill Gates, Michael Gorbatschow, James Joyce, Janis Joplin, Johannes Kepler, Nicole Kidman, Henry Kissinger, Emmanuel Macron, Napoléon Bonaparte, Isaac Newton, Franklin D. Roosevelt, Teresa von Avila, Donald Trump (im Grenzbereich zum Vollmondtypus), Mark Zuckerberg.

Beispiel: Franklin D. Roosevelt

Beim früheren amerikanischen Präsidenten ***F. D. Roosevelt*** *(s. Fig. 6, folgende Seite)* befindet sich die Radix-Sonne in Wassermann und der Radix-Mond in Krebs, im Abstand von 145 Grad von der Sonne entfernt. Obwohl im Alter von 39 Jahren an Kinderlähmung erkrankt, gelang es

Roosevelt, viermal zum Präsidenten gewählt zu werden und die USA erfolgreich sowohl durch die Grosse Depression als auch durch den Zweiten Weltkrieg zu führen. Die dazu erforderlichen Willensqualitäten lassen sich vom rückläufigen Mars im zehnten Haus, von Sonne Quadrat Saturn und von Merkur Quadrat Pluto ableiten. Die Motivation für eine fulminante Karriere, trotz körperlicher Schwächen, ergibt sich im Weiteren aus dem karmischen Neumond im Steinbock-Zeichen im zehnten Haus des KNH, im Trigon zum Pluto und im Quinkunx zum Mars.

Beispiel: Emmanuel Macron

Im Horoskop des französischen Präsidenten ***Emmanuel Macron*** *(s. Fig. 7)* haben wir es mit einem auf wenige Bogenminuten genauen Anderthalbquadrat zwischen der Sonne in Schütze und dem Mond in Stier zu tun. Dabei fällt auf, dass vier Planeten im Schütze-Zeichen und im elften Haus stehen und die gradgenaue Konjunktion zwischen der Sonne und dem rückläufigen Merkur eine Opposition zum Jupiter macht, während der Mond im Stier-Zeichen und im dritten Haus in gradgenauer Opposition zum Uranus und im Quadrat zum rückläufigen Mars steht. Der karmische Neumond fällt ins sechste Haus des KNH (nicht abgebil-

Fig. 6

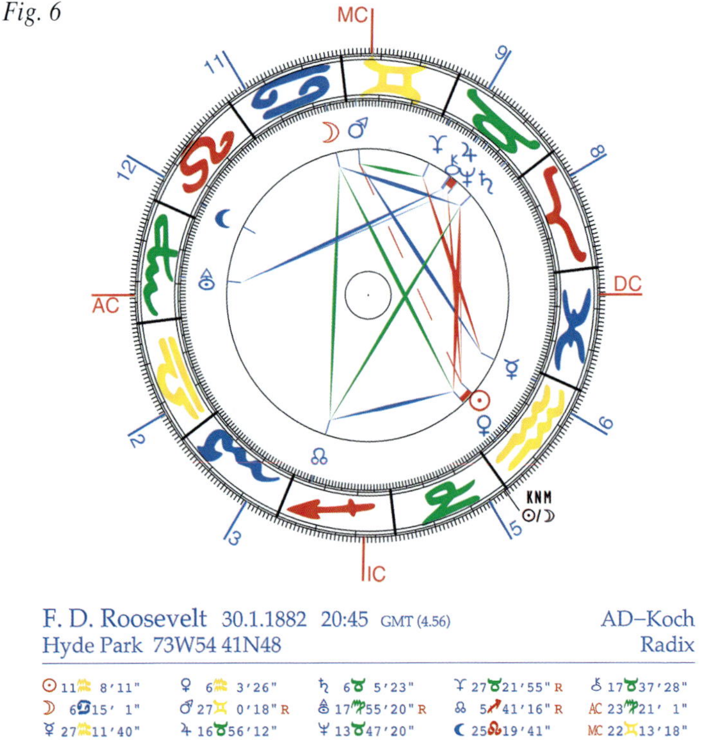

det) und steht in Konjunktion mit Neptun, im Sextil zum Pluto und im Trigon zum Mars.

5. Der Vollmondtypus: Das Erarbeitete der Gemeinschaft zugänglich machen

Diese Mondphase entspricht einem Abstand des Mondes von der Sonne, der von 180 bis 225 Grad reicht, das heisst von der Opposition bis zum Anderthalbquadrat, wobei der Mond wieder auf die Sonne zuläuft. In dieser Phase steht der Mond der Sonne zunächst ebenbürtig gegenüber, was sich von der Erde aus betrachtet auch darin zeigt, dass Sonne und Mond gleich gross erscheinen. Da die Opposition als Aspekt volles Bewusstsein darstellt, kann an diesem Punkt des Sonne/Mond-Zyklus das, was in früheren Mondphasen lediglich gefühlt wurde, nun in klaren Konturen gesehen werden. Der ursprüngliche Impuls ist zu einem ausgeformten Konzept, einem gut sichtbaren Bild und einer greifbaren Form geworden. Dane Rudhyar meint zu dieser Phase:

«Dieser Akt des ‹Sehens› ist das Ende des rein spontanen Wachstums, wie es für den ersten Halbzyklus charakteristisch ist; doch er markiert auch

Fig. 7

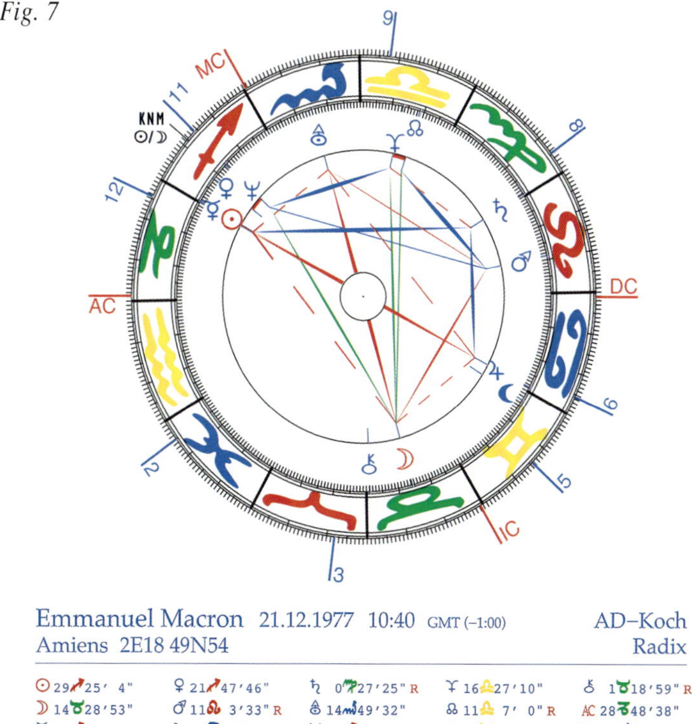

den Beginn eines anderen Prozesses: einerseits ein Prozess, in dem die Erfahrungen der ersten Zyklushälfte assimiliert werden und bewusstes Verständnis als Ernte eingebracht wird. Andererseits haben die im ersten Halbzyklus aufgebauten Formen (im Idealfall) das individuelle Bedürfnis befriedigt, für das sie produziert wurden. Wenn dieses individuelle Bedürfnis eine allgemeine menschliche Situation oder ein allgemeines Lebensproblem repräsentierte, dann können die Formen, die zu seiner Befriedigung aufgebaut wurden, entwickelt und verfeinert werden, sie können verallgemeinert und auf grössere kulturelle oder soziale Zusammenhänge angewendet werden.» [2]

Menschen, die bei Vollmond und während der folgenden 3 ½ Tage geboren wurden, zeichnen sich dementsprechend häufig durch ein klares Bewusstsein aus und sie sind vom Bedürfnis angetrieben, ihre Vision unter die Menschen zu bringen. All das, was erlernt und entwickelt wurde, kann nun in Gebrauch genommen und umgesetzt werden; denn das, worauf man hingearbeitet hat, tritt nun in die manifeste Form. Beim Vollmond handelt es sich somit um die Kulmination des ganzen Zyklus.

Wenn wir in dieser Sonne/Mond-Phase geboren wurden, stehen wir vor der Aufgabe, Gegensätze zu integrieren. Dies dürfte bereits damit begonnen haben, dass wir das mütterliche und das väterliche Erbe – und konkret, wie wir die Personen von Mutter (Mond) und Vater (Sonne) erlebten – widersprüchlich erfahren haben. Dies lässt sich auch so umschreiben, dass Bedürfnisse (Mond) und bewusste Lebensziele (Sonne) in unserer Persönlichkeit zunächst auseinanderklaffen. Sie gehen getrennte Wege und bedürfen eines bewussten Integrationsprozesses, um miteinander in Einklang gebracht zu werden; ein Vorgang, der massgeblich über Beziehungen verläuft. Indem wir unseren inneren Widerspruch zwischen Fühlen und Wollen in Beziehungen mit anderen und in der Aussenwelt erfahren – beziehungsweise im Aussen inszenieren – kommen wir einer Synthese näher. Fühlten wir uns zuvor zwischen zwei verschiedenen Welten hin und her gerissen, überwinden wir diese Spannung nun durch die Entwicklung eines selbst erarbeiteten neuen Bewusstseins. Dies geschieht, indem wir einen neuen Lebensinhalt ausserhalb unserer rein persönlichen Bedürfnisse und Anliegen finden. Zum Beispiel überwinden wir durch Übernahme eines Amtes oder einer Aufgabe in der Welt die in der Vollmond-Stellung ursprünglich angezeigten persönlichen Konflikte.

So geht es in dieser Phase nicht darum, selbst entwickelte Konzepte weiter und bis zur Perfektion voranzutreiben, sondern das, was wir ausgearbeitet haben, mit anderen zu teilen. Aus diesem Grunde stellen Beziehungen ein zentrales Thema unseres Lebens dar, unabhängig davon, ob dies über eine Kernbeziehung erfolgt oder über eine faszinierende, vielleicht auch aufwühlende Abfolge verschiedener Verbindungen, die im Extremfall zu einer Ablehnung von Beziehungen führen kann. Dabei geht es letztlich darum, Wege zu finden, um eine Balance zwischen uns und dem Gegenüber herzustellen. Verschiedene Lebensphasen können auch mit unterschiedlichen Aufgaben zusammenfallen. Dabei stammt das Konzept, dass man sich in einer ersten Lebensphase in der Aussenwelt verwirklichen soll, indem man anpackt und im Lebenskampf eine konkrete Rolle übernimmt, bevor man in einer zweiten Lebensphase nach einer Weisheit und Abgeklärtheit strebt, die mit dem Loslassen von Verpflichtungen verbunden ist, aus dem Fernen Osten. Das leuchtende Vorbild dafür ist das Leben von Buddha, der gemäss der Tradition bei einem Vollmond auf der Stier/Skorpion-Achse geboren wurde, unter einer solchen Konstellation die Erleuchtung erlebte und schliesslich auch starb. Bezeichnend ist dabei, dass von ihm die Aussage überliefert ist, dass menschliches Leid der Unwissenheit entspringt. Nun lässt sich diese aus astrologischer Sicht bekanntlich dadurch überwinden, dass die Gegensätze – die gerade beim Vollmond bewusst erkannt werden können – durch Offenheit und Akzeptanz angenommen und auf diese Weise zu einer Synthese verbunden werden. Indem die Dinge aus der sich widersprechenden Dualität herausgelöst und in die Betrachtungsebene der sich gegenseitig ergänzenden und bedingenden Polarität gebracht werden, tritt der Widerspruch in den Hintergrund und der Blick für die Ganzheit wird entwickelt. Dies ist die Aufgabe des Vollmondtypus, die zunächst in der Aussenwelt ausgetragen wird, bevor das Verständnis für die Zusammengehörigkeit der Dinge, die wie zwei Seiten einer Münze nicht voneinander zu trennen sind, zur Weisheit führt, die vom Leiden befreit.

Beispiele: Friedrich der Grosse, Lady Gaga, Johann Wolfgang Goethe, Nina Hagen, Hildegard von Bingen, Michael Jackson, Jiddu Krishnamurti, Mao Tse Tung, Mata Hari, Angela Merkel, Ramana Maharishi, Rudolf Steiner, Tina Turner.

Beispiel: Friedrich der Grosse

Im Falle ***Friedrich des Grossen*** steht der karmische Neumond im Steinbock-Zeichen im elften Haus des KNH, in Konjunktion mit Jupiter und im Anderthalbquadrat zum Pluto, während sich die Radix-Sonne in

Wassermann und der Radix-Mond in Löwe *(s. Fig. 8)* befinden. Gemäss der Wassermann- und Elft-Haus-Betonung profilierte sich Friedrich als Repräsentant der Philosophie der Aufklärung, der sich im Gegensatz zu den Feudalherren als «ersten Diener seines Volkes» definierte. Die heftigen Auseinandersetzungen mit seinem Vater Friedrich Wilhelm I. ergeben sich aus Friedrichs Sonne/Chiron/Mars-Konjunktion im zehnten Haus in Wassermann, in Opposition zu Mond/Saturn im vierten Haus in Löwe.

6. Der Aussaattypus: Die Verkündung der Botschaft

Dieser Mondphase entspricht eine Mond-Stellung, die seit der Konjunktion mit der Sonne 225–270 Grad zurückgelegt hat und noch lediglich zwischen 135 und 90 Grad hinter der Sonne steht. Sie beginnt 3–4 Tage nach Vollmond. Das, was zur Zeit des Vollmondes sichtbar wurde, steht nun zur Verfügung, um unter die Menschen gestreut zu werden. Wer in dieser Mondphase geboren wurde, gehört dementsprechend häufig zu den begabten Kommunikatoren, deren Aufgabe es ist, die empfangene Botschaft so zuzubereiten, dass sie von den Menschen verstanden wird.

Fig. 8

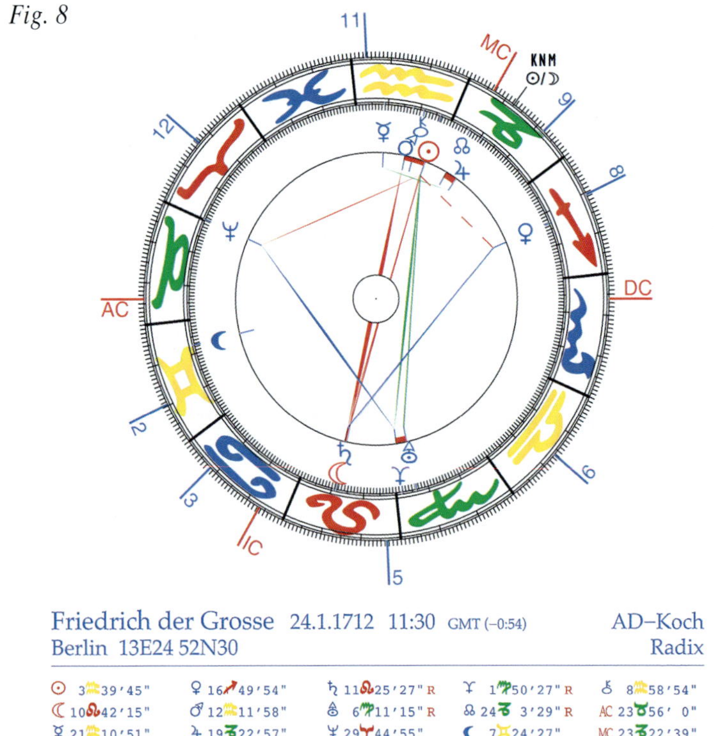

Dazu müssen wir sie erst einmal selbst integrieren, um sie in eigenen Worten herüberzubringen; ein Vorgang, bei welchem sämtliche Fähigkeiten, über die wir verfügen, eingesetzt werden. So ist dies eine hervorragende Stellung für eine lehrende Tätigkeit, wie auch für sämtliche Berufe, bei denen es darum geht, Informationen so zu verarbeiten, dass sie Anklang finden. Rudhyar meint zu diesem Typus:

«Ich benutze den Begriff ‹Aussaat›, weil im positiven Ausdruck ein solcher Mensch dazu neigt, anderen zu demonstrieren, was er gelernt oder erfahren hat. So wirkt ein Mensch von diesem Typ oft als Sämann von Ideen – ein Mensch, der populär macht, was ihn bei seinen Studien oder Erfahrungen am stärksten beeindruckt hat. Er könnte ein wahrer Kreuzfahrer werden […]*.»* [2]

Die Gefahr, vor der Rudhyar bei diesem Typus warnt, hat damit zu tun, dass er vor lauter Eifer, andere zu überzeugen und zu bekehren, vielleicht keine Grenzen kennt. Damit verwandt ist die Neigung, aus unwesentlichen Fakten eine Geschichte zu machen, auch wenn nichts Besonderes zu berichten ist, nur um etwas erzählen zu können. Wollen wir dann auch noch wissen, ob die anderen das, was wir ihnen unbedingt mitteilen wollten, auch verstanden haben und bereit sind, es umzusetzen, wird unser Verhalten für die Mitwelt aufdringlich. Das Rezept dagegen lautet: mit Begeisterung das mitteilen, was wir erfahren und als richtig erkannt haben, uns jedoch nicht dafür verantwortlich fühlen, ob das Gegenüber die Botschaft auch in die Tat umsetzt. Die Funktion, die wir mit dieser Stellung erfüllen, ist ganz einfach jene eines geschickten Mediators, der Wege findet, die Dinge, die mitgeteilt werden sollen, in der Begriffswelt der Menschen, die er erreichen will, zum Ausdruck zu bringen.

In dieser Mondphase lohnt es sich, darauf zu achten, auf welche Weise wir anderen Menschen Dinge verständlich machen. Woraus besteht die Botschaft, die wir mitteilen wollen und was sind die Individuen oder Gruppen, die wir damit zu erreichen versuchen? Wie gehen wir dabei vor und gäbe es vielleicht Möglichkeiten, die Botschaft anzupassen und zu vertiefen? Gibt es im Weiteren bei der Art, wie wir unsere Mitteilungen herüberbringen, Möglichkeiten zur Verfeinerung, damit wir mit dem, was wir zu sagen haben, nicht anecken und besser erhört oder verstanden werden?

Gemäss Rudhyar gelingt uns dies am besten, wenn wir die Vision des Vollmondes selbst integriert haben:

«Form, in der ‹Vollmondphase› jeder zyklischen Beziehung in einem Augenblick scharfer Wahrnehmung offenbart, entlässt ihre Bedeutung (oder

ihren Sinn), während der Mond an Licht verliert. Die abnehmende Periode des Mondzyklus' ist also eine Wachstumsperiode der aktiven Kraft des Bewusstseins. Sobald Bewusstsein einmal formuliert ist, kann es anderen mitgeteilt werden und kann so andere aktiv beeinflussen und transformieren. Ein Ergebnis ist, dass die Vision der Bedeutung des Zyklus als Ganzheit in die Substanz der menschlichen Gesellschaft inkorporiert werden kann.» [2]

Wurde die Botschaft des Vollmondes verdaut und integriert, haben wir es also mit einem reifen und bewussten Ausdruck zu tun, während andernfalls dem Ganzen etwas Missionarisches und Opportunistisches anhaften kann. Dabei zitiert Rudhyar ein Beispiel, an welchem wir die Funktionsweise dieser Mondphase gut beurteilen können. Es handelt sich um das Horoskop der USA *(Fig. 9)*, zu dem Rudhyar meint:

Beispiel: Die USA

«Die abnehmende 135-Grad-Phase des Mondzyklus wird deutlich, wenn man das Geburtshoroskop der Vereinigten Staaten betrachtet (4. Juli 1776, etwa 17 Uhr, Aszendent Schütze). Der Mond steht auf 28 Grad Wasser-

Fig. 9

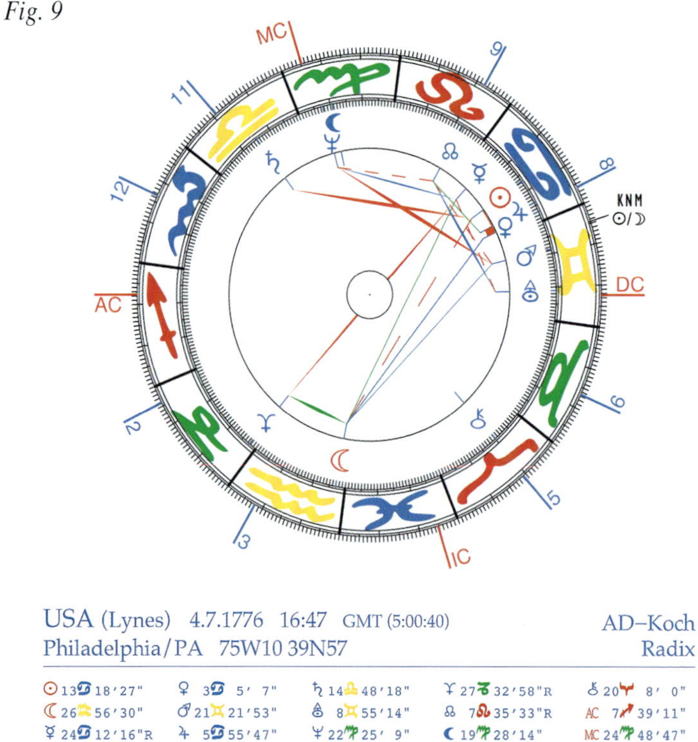

mann, die Sonne auf 14 Grad Krebs [siehe Fussnote [4]]; *also stehen sie 136 Grad auseinander. Diese Phase enthüllt das Auftauchen des Bewusstseins und seiner Formulierungen aus dem Reich der subjektiven Erleuchtung – der Schritt zur objektiven Anwendung. Mit anderen Worten werden Ideale nicht mehr als wundervolle, subjektive Besitztümer vom Individuum genossen; vielmehr müssen sie geteilt und objektiv nutzbar gemacht werden. Und genau dies ist die Hauptaufgabe, der sich diese ‹Vereinigten Staaten› gegenübersehen. Die abnehmende 135-Grad-Phase in der soli-lunaren Beziehung bedeutet, dass die bewusste Absicht auf die Umsetzung der ‹Vollmond›-Vision gerichtet wird. Sie verlangt ein erhöhtes Bewusstsein für die objektive Teilnahme an einem grösseren Ganzen. Sie ruft ein gesteigertes Verantwortungsgefühl im Hinblick auf grundlegende soziale Belange hervor – oder, wenn die Stellung sich negativ auswirkt, ein Gefühl der Niederlage – ‹wozu soll das gut sein›? Und das Individuum, das darauf reagiert, könnte sich fanatisch in grossen religiösen Bewegungen verlieren und sich auf diese Weise seinen grösseren Verantwortlichkeiten entziehen.»* [2]

Beispiele: Otto von Bismarck, Winston Churchill, Albert Einstein, Jane Fonda, Hermann Hesse, Adolf Hitler, Jeanne d'Arc, Nikolaus Kopernikus, Niccolò Machiavelli, Marilyn Monroe, Michael Moore, Wladimir Putin.

Beispiel: Winston Churchill

Im Falle ***Winston Churchills*** steht der karmische Neumond im Skorpion-Zeichen im ersten Haus des KNH, in Opposition zum Pluto, im Quadrat zum Uranus und im Halbquadrat zum Mars, während sich im Geburtshoroskop *(Fig. 10, folgende Seite)* die Sonne in Schütze und der Mond auf dem letzten Grad des Löwe-Zeichens befinden. Die Durchsetzungsenergie des Neumondes in Skorpion, zusätzlich in Opposition zum Pluto, befähigte Churchill dazu, in einer Krisensituation mit seinem Versprechen von «Blut, Schweiss und Tränen» die richtigen Worte zu finden, um das britische Volk zu überzeugen. Aufschlussreich ist dabei auch, dass Churchills Geburtssonne auf 7.43 Grad Schütze auf 10 Bogenminuten genau in Opposition zur letzten Neptun/Pluto-Konjunktion steht, die den gegenwärtigen Neptun/Pluto-Zyklus prägt (siehe dazu auch das «Menschheitshoroskop»). Diese Stellung steht auch auf 6 Bogenminuten genau auf dem Aszendenten der USA *(Fig. 9)* und diese Verbindung dürfte in starkem Masse zur Zusammenarbeit mit den Vereinigten Staaten im Zweiten Weltkrieg beigetragen haben. Die Betrachtung der Mondphase in Churchills Horoskop lässt aber vermuten, dass es nicht nur dessen Merkur/Pluto-Opposition und die Sonne auf dieser besonderen Stellung im Schütze-Zeichen war, die ihn dazu befähigte, die Botschaft des Widerstandes gegen Nazi-Deutschland glaubhaft zu verkünden, sondern auch die Mondphase dazu beitrug.

7. Der Letztvierteltypus: Loslassen und Neuorientierung

Diese Mondphase entspricht im abnehmenden Sonne/Mond-Zyklus einer Stellung des Mondes zwischen dem letzten Quadrat und dem Halbquadrat vor der nächsten Sonne/Mond-Konjunktion. Die Phase des Quadrats hat in der Astrologie mit einer Krise zu tun und diese findet, gemäss Dane Rudhyar, nun im Bereich des Bewusstseins statt, während das erste Quadrat des Sonne/Mond-Zyklus eine «Krise im Handeln» verkörperte. Gemäss Rudhyar neigen Menschen dieses Typus dazu, «ihre ideologischen Überzeugungen in klaren Gedankensystemen und/oder konkreten Institutionen verwirklicht zu sehen». Dies kann sie dazu veranlassen, ihre Anliegen um jeden Preis zu propagieren. Es fehlt ihnen

Fig. 10

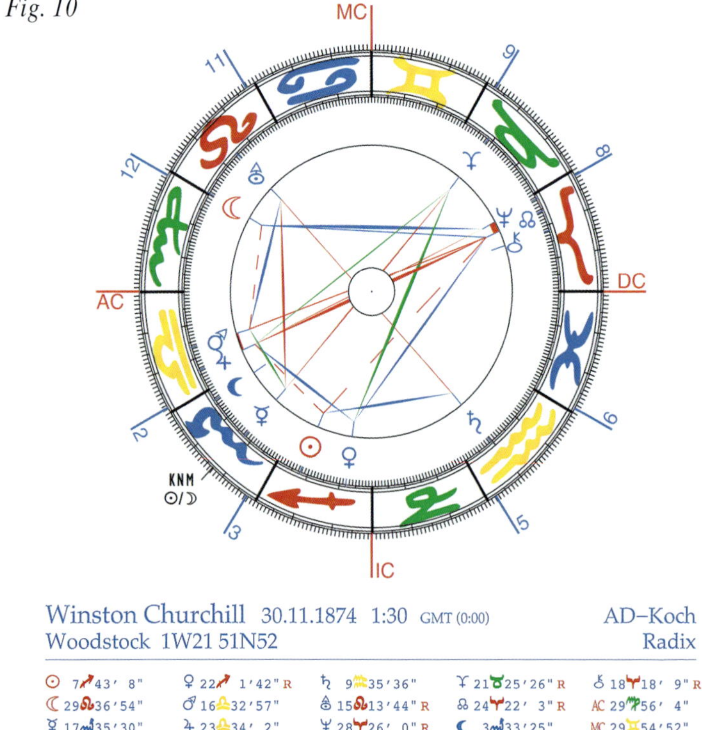

dabei an Flexibilität, «denn sie halten sich oft für Pioniere, deren Werke erst die Nachwelt würdigen wird». Dabei stimmen sie sich auf eine Zukunft ein, die sie erst in Umrissen erkennen.

Vertreter dieses Typus erleben häufig, wie sie aus einem inneren Bedürfnis heraus dazu angespornt werden, an wichtigen Wendepunkten ihres Lebens einen Kurswechsel zu vollziehen, was eine grosse Spannung auslösen kann. Dem ging möglicherweise eine lange Zeit voraus, während der die persönliche Entfaltung innerhalb eines bestimmten Wertesystems stattfand, aber plötzlich festgestellt werden musste, dass dieses nicht mehr stimmt und man sich neu zu orientieren hat. Damit werden aber Bindungen und gesellschaftliche Akzeptanz aufs Spiel gesetzt, was unsicher und vielleicht auch unglücklich macht. Gleichzeitig ist es der Person klar, dass die Vergangenheit sie belastet und sie sich neu ausrichten muss. Dazu drängt sie auch die Ahnung einer neuen Welt, die auf sie wartet, wenn sie den Mut hat, die entsprechenden Schritte zu tun. Bei diesem Prozess mögen zwei Dinge im Vordergrund stehen: Lernen, etwas zu tun, was man noch nie getan hat, oder damit aufhören, etwas auf die Weise zu tun, wie man es immer getan hat.

Ein Bild aus der Natur hilft, diese Phase besser zu verstehen: Im zyklischen Geschehen konnte bei der Sonne/Mond-Opposition die Ernte eingefahren werden. Am Baum oder an der Mutterpflanze verblieben die letzten Früchte, die sich nun zersetzen. Die Hülle, in der sich diese bis zu diesem Zeitpunkt befanden, hat den Zweck erfüllt, für den sie erschaffen wurde und sie zerfällt. Sie symbolisiert damit das, was zurückzulassen ist. In dieser Hülle befindet sich aber auch der zurückbleibende Same, dessen Zweck es ist, sich nun von der Mutterpflanze zu entfernen, um neues Leben zu generieren.

Vielleicht illustriert dieser Prozess, was sich in dieser Mondphase in unserem Inneren abspielt und auch im Aussen sichtbar wird: Wir spüren, dass wir unserem Leben einen neuen Sinn einflössen müssen. Dies wird ausgelöst durch Ereignisse, die uns dazu auffordern, unser Weltbild, unsere Überzeugungen und unsere Werte infrage zu stellen. Dabei reicht das Resultat dieser Auseinandersetzung von einer Infragestellung dessen, was uns bisher selbstverständlich erschien, bis zur Rebellion gegen den bisherigen Status Quo. Dabei müssen wir frühere Konditionierungen hinter uns lassen; vielleicht durch die Erfahrung ausgelöst, dass diese in unserem Leben nicht mehr funktionieren und zu Misserfolgen führen.

Sind wir so weit, dass wir wissen, was wir ändern wollen, werden wir allerdings mit dem Thema konfrontiert, dass unsere Umgebung uns dazu drängt, in der alten Rolle weiterzumachen. In dieser Situation ist es verständlich, dass wir das, was uns innerlich antreibt, häufig für uns behalten und auch Nahestehende lange Zeit darüber im Dunkeln lassen. Eine kollektive Krisensituation, die auch die Menschen unserer Umgebung ergreift, kann dabei eine Hilfe darstellen, um mit den eigenen Anliegen und Überzeugungen offensiver nach aussen zu treten. So mögen wir uns letztlich in einer Situation, in der vieles drunter und drüber geht und akute Probleme zu lösen sind, besser fühlen – was auch eine entsprechende berufliche Eignung nahelegen kann –, als wenn wir in einer aufgeräumten Situation leben, in welcher sich alles an seinem Platz befindet.

Wenn wir während dieser Mondphase geboren wurden, machen wir auch häufig eine philosophisch klingende Erfahrung: Wir erleben, dass wir dann etwas behalten und unser eigen nennen können, wenn wir bereit sind, darauf zu verzichten. Dabei scheint den verschiedenen Etappen, die uns dazu bringen, das, was wir bisher um jeden Preis haben oder durchsetzen wollten, aufzugeben und loszulassen, besondere Bedeutung zuzukommen. Es handelt sich um einen immer wieder ähnlich ablaufenden Prozess, der bei dieser Mondphase an markanten Punkten des Le-

Fig. 11

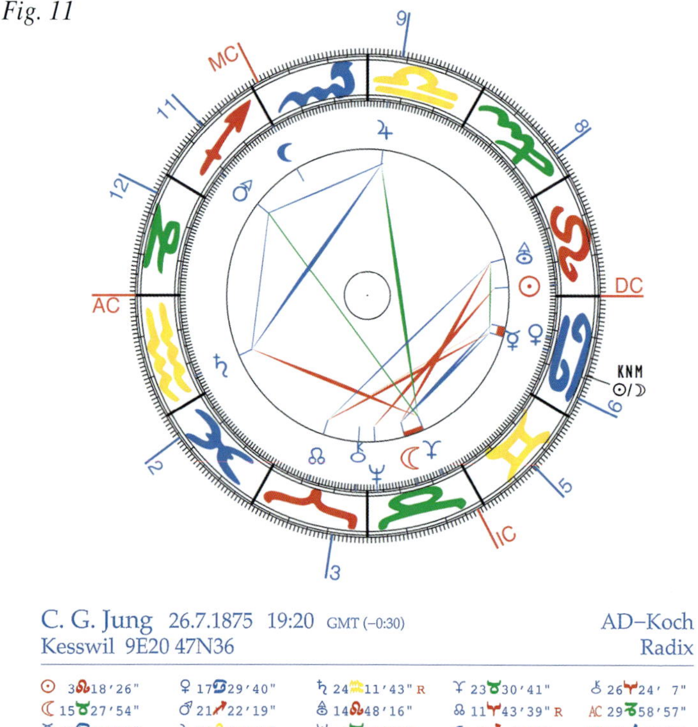

bens stattfindet und im Moment, wo er akzeptiert wird, seinen Zweck erfüllt hat.

Beispiele: Jennifer Aniston, Caroline von Hannover, Recep Tayyip Erdogan, Mahatma Gandhi, Werner Heisenberg, Mick Jagger, Angelina Jolie, C. G. Jung, Niki Lauda, Nostradamus (im Grenzbereich zum balsamischen Mondtypus), Leonardo da Vinci, Uma Thurman, Leo Trotzki.

Beispiel: C. G. Jung

Im Falle ***C. G. Jungs*** ereignete sich der vorgeburtliche Neumond im Krebs-Zeichen und in Konjunktion mit dem rückläufigen Merkur im zwölften Haus des KNHs. Diese zutiefst psychologische und einfühlsame Veranlagung, die interessanterweise im Anderthalbquadrat zu Saturn und Lilith und damit auch in der Halbsumme dieser beiden Faktoren stattfand, bot optimale Voraussetzungen, um sich mit verborgenen Mysterien der Psyche zu beschäftigen. Im Geburtshoroskop *(Fig. 11)* steht die Sonne im Löwe-Zeichen, während der Mond im Stier-Zeichen eine Konjunktion mit dem Pluto eingeht. Bemerkenswert ist, wie es Jung gelang, mit den Archetypen des kollektiven Unbewussten eine Dimension in die Psychologie einzuführen, die weit über das Individuelle hinausreicht. Kulturübergreifend war auch Jungs Interesse für die chinesische Philosophie, seine Verwendung des I GING-Orakels für wichtige Entscheidungen und seine Beschäftigung mit Astrologie. Damit verkörpert er die zeitlose Haltung von jemandem, der sich nicht dem Diktat der gerade geltenden Regeln naturwissenschaftlichen Denkens unterwirft.

8. Der balsamische Typus: Wenn die Essenz des Alten zum Treibstoff des Neuen wird

Diese Mondphase entspricht in der Achterteilung des Kreises der letzten, die vom Mond im Halbquadrat zur Sonne bis zur Konjunktion mit der Sonne reicht. Sie charakterisiert Geburten, die bis zu 3 ½ Tage vor dem Neumond stattfinden. Die Periode ist auch dadurch gekennzeichnet, dass die vor Sonnenaufgang sichtbare, umgekehrte Mondsichel jeweils den neuen Tag ankündigt. Gemäss Rudhyar bildet nach alter indischer Tradition «das letzte Zehntel eines Zyklus» ein Übergangsstadium, das dem «Samenzustand» des nächstfolgenden Zyklus entspricht.

Man kann den «balsamischen Mond» auch als ersten Teil der dunklen Phase des Mondes betrachten, die von alters her als geheimnisvoll galt und einerseits als gefährlich, andererseits als heilend beschrieben wurde. In dieser Phase wird der Mond unsichtbar und die Mondgöttin geht ihre monatliche Verbindung mit dem Sonnengott ein, wobei sie transformiert wird. Der Tod des Alten (Monats) bedeutet dabei die Geburt des Neuen.

Auf die Seele – die astrologisch dem Mond entspricht – bezogen, kann die Bedeutung dieser Phase darin gesehen werden, dass die Essenz des nun zu Ende gehenden Lebenszyklus herauskristallisiert wird, um sie dem bald beginnenden neuen Zyklus einzuflössen. Daraus lassen sich verschiedene Entsprechungen herleiten und Rudhyar meint dazu:

«Dieser Persönlichkeitstyp ist in seiner höchsten Manifestation prophetisch und völlig auf die Zukunft gerichtet, wenn er sich als Endprodukt der Vergangenheit betrachtet – doch es ist eine Vergangenheit, die er äusserlich oder bewusst hinter sich gelassen hat. Zuweilen fühlt sich der unter dieser Beziehung Geborene von einer sozialen ‹Bestimmung› getrieben oder von einer übergeordneten Macht geführt. Er ist sich mehr oder weniger bewusst, dass er eine Art Schrein (oder ‹Feld›) ist, in dem etwas Grösseres als sein persönliches Selbst manifestiert wird; so könnte er zum Wohle der Zukunft bereitwillig Opfer oder Märtyrertum auf sich nehmen – sei es nun die Zukunft einer kleinen Gruppe oder der gesamten Menschheit. Er neigt dazu, in allen seinen wichtigen Beziehungen etwas Endgültiges zu spüren; das heisst, er sieht sie sowohl als Schlusspunkte eines Prozesses wie als Mittel, ein transzendentales Ziel zu erreichen.» [2]

Aus karmischer Sicht findet die Geburt damit an einem wichtigen Punkt statt: Die alte Lebensenergie wird freigegeben, umgewandelt und zum Neumond wieder in die Inkarnation geschickt. Darum gehören die balsamischen Persönlichkeiten zu den komplexesten, denn sie verbinden Vergangenheit und Zukunft. Die Vergangenheit müssen sie verarbeiten, um sie nicht als Last, die zu einem Wiederholungszwang führt, mitzunehmen, während die Zukunft einen diffusen Sog ausübt, der sich allerdings eher wie ein Versprechen als eine Aussicht auf eine konkrete Situation anfühlt. So wird während des Lebens auch viel Zeit dafür verwendet, verschiedene alte Situationen, die eine Belastung darstellen, zu einem Abschluss zu bringen, um sich einer zwar unbekannten, aber vielversprechenden Zukunft zuzuwenden.

Menschen, die während dieser Mondphase geboren wurden, haben häufig das Gefühl, anders zu sein als die Kameraden und Mitmenschen, mit denen sie aufwuchsen. Die Unterschiede, die sie wahrnahmen, haben sie zwar nicht an die grosse Glocke gehängt, um sich nicht unnötig zu isolieren. Dennoch nahmen sie häufig in ihrer Familie eine Sonderrolle ein und wurden zuweilen zum schwarzen Schaf oder zur Lichtgestalt, die anderen als Vorbild galt. Auch führten sie in den meisten Fällen nicht das

Leben, das ihnen die Eltern zugedacht hatten. Sie nutzten schon früh die Gelegenheit, wegzugehen und etwas ganz anderes zu tun. Denn sie spürten, dass sie einen Bruch mit ihrer Vergangenheit brauchen, indem sie – vielleicht mit Hilfe einer Beziehung oder eines ungewöhnlichen Arbeitsgebiets – einen neuen Weg einschlagen. Hilfreich kann dabei eine besondere Befähigung sein, beruflich Dinge abzuschliessen im Wissen, wann Zeit ist, etwas zu beenden und etwas Neues anzufangen.

Beispiele: Charlotte Casiraghi, Joe Cocker, James Dean, Friedrich Dürrenmatt, Umberto Ecco, Mia Farrow, Franz Kafka, Immanuel Kant, Elisabeth Kübler-Ross, Abraham Lincoln, Karl Marx (im Grenzbereich zum Neumondtypus), Nena, Roman Polanski, Dane Rudhyar.

Beispiel: Franz Kafka

Bei ***Franz Kafka*** findet der vorgeburtliche Neumond in Konjunktion mit dem rückläufigen Merkur und im Quadrat zum Uranus im Zwillinge-Zeichen im elften Haus des KNHs statt. Zum Zeitpunkt der Geburt, die vier Wochen nach dem karmischen Neumond stattfindet, steht der Mond erneut in Konjunktion mit dem Merkur (nun direktläufig) – eine

Fig. 12

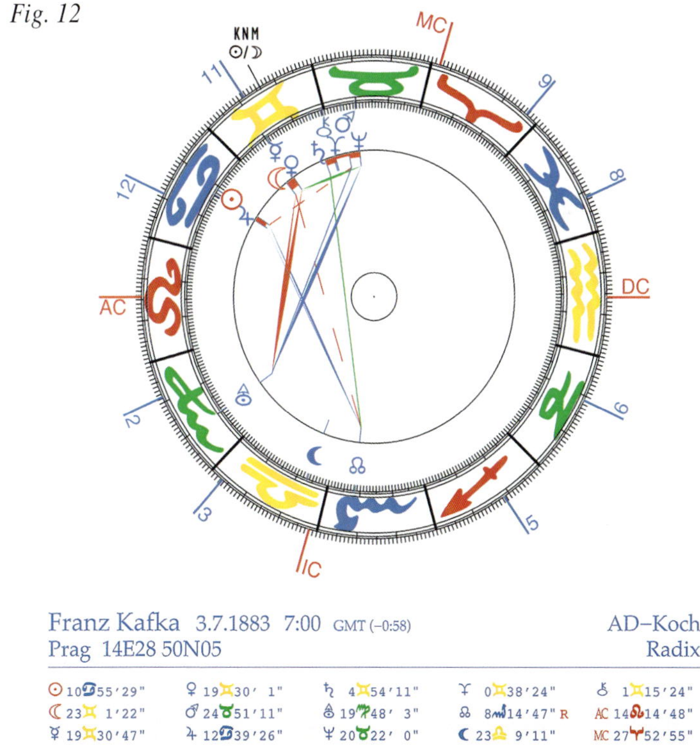

Verbindung, zu der sich die Venus gesellt. Die Balance zwischen Mond, Merkur und Venus des Geburtshoroskops *(s. Fig. 12, vorherige Seite)* ereignet sich erneut im elften Haus und im Quadrat zum Uranus, eine Konzentration im Haus, die durch die Präsenz von Sonne und Jupiter verstärkt wird. Damit haben wir die ungewöhnliche Situation, dass im KNH mit Saturn, Pluto, Sonne, Mond und Merkur fünf Planeten im elften Haus stehen und dies mit Mond, Merkur, Venus, Sonne und Jupiter zahlenmässig auch für das Radixhoroskop gilt. Bezeichnenderweise steht in beiden Fällen der symbolische Herrscher des elften Hauses, der Uranus, im Quadrat zur Ballung der dort befindlichen persönlichen Gestirne. Da die Geburtszeit unsicher ist, ist die Bestätigung der Elft-Haus-Thematik durch den karmischen Neumond willkommen.

Gibt es bei den Mondphasen einen Orb?

Eine Frage, zu der es in der astrologischen Literatur kaum Antworten gibt, betrifft den Moment, ab welchem die acht weiter oben definierten Mondphasen ihre Wirkung entfalten. Fängt der Neumondtypus bei der Konjunktion zwischen Sonne und Mond im Orb von 0 Grad 0 Minuten an und dauert er bis 44 Grad 59 Minuten, worauf dann bei exakt 45.00 Grad die Phase des Sichelmondtypus beginnt? Dies ist jedenfalls die Antwort, die Darby Costello in ihrem sehr lesenswerten Buch THE ASTROLOGICAL MOON [5] einer Schülerin gibt, die wissen will, wo exakt die Grenze zwischen den verschiedenen Mondphasen liegt. Sie muss zwar zugeben, dass das eine Annahme ist und es sich möglicherweise ähnlich verhält wie mit der Frage der Häuserspitzen.

Bei der Definition der Häuserspitzen haben wir bekanntlich das Problem, dass es eine ganze Reihe von verschiedenen Systemen gibt. Zusätzlich lassen die verschiedenen Schulen den Wirkungsbereich eines Hauses häufig einige Grade vor der Spitze beginnen. Umgekehrt herrscht bei den Zeichenstellungen weitgehend Übereinstimmung, dass zum Beispiel das Widder-Zeichen bei 0.00 Grad Widder beginnt und nicht vorher. Lediglich beim letzten Grad eines Zeichens werden wir unsicher, wenn wir feststellen, dass hinsichtlich der Zeichenqualität eine Unbestimmtheit vorzuherrschen scheint, wie wenn das nächste Zeichen bereits anfangen würde zu wirken.

Akut wird die Frage natürlich, wenn jemand beispielsweise eine Stellung von 29 Grad 59 Minuten Fische aufweist. Viele Astrologen gestehen in solchen Fällen Ausnahmen zu, die sie zum Beispiel dadurch begründen, dass progressiv bei einem Gestirn, das nicht rückläufig ist, unter Umständen bereits nach einer Woche (mit der Sonne auf 29 Grad 59 Minuten eines Zeichens), einem Monat (bei 29 Grad 55 Minuten) oder einem Jahr (falls die Sonne auf 29.00 Grad steht) ein Zeichenwechsel erfolgt. Die Unsicherheit scheint aber nur den letzten Grad eines Zeichens zu betreffen.

Überlegungen zum Gültigkeitsbereich der Mondphasen

Suchen wir nach einer Analogie für die Gültigkeit der Mondphasen, bietet sich tatsächlich jene der Zeichenstellungen der Planeten an. So gesehen beginnt – wie bei den Planeten in den Zeichen – die Mondphase des Neumondtypus tatsächlich, wenn der Mond eine Konjunktion auf 0 Grad mit der Sonne eingeht und der Vollmondtypus wird durch jene Fälle charakterisiert, bei denen der Mond bereits die exakte Opposition zur Sonne erreicht hat.

Heisst dies aber, dass wir eine Mond-Stellung von 1 Grad vor der Sonne ausschliesslich dem balsamischen Typus zuordnen sollen, indem wir diese gleich behandeln wie eine Mond-Stellung 45 Grad vor der Sonne? Zumindest könnten wir doch den Anspruch haben zu berücksichtigen, dass eine Mond-Stellung 1 Grad vor der Sonne mit einer Position 1 Grad nach der Sonne durch das gemeinsame Charakteristikum einer engen Sonne/Mond-Konjunktion verbunden ist. Ähnlich könnten wir argumentieren, dass wir es bei einer Mond-Stellung 1 Grad vor der Opposition zur Sonne und 1 Grad danach in beiden Fällen mit einer überaus wirksamen Oppositionsthematik zwischen den beiden Lichtern zu tun haben.

Das Studium zahlreicher solcher Grenzfälle veranlasst mich zu einer Verfeinerung der Methodik der Zuordnung, die auf folgende Weise erfolgen kann:

1. Zusätzlich zur Mondphase erscheint es sinnvoll, den Aspekt berücksichtigen, der zwischen Sonne und Mond stattfindet. Es empfiehlt sich, dies zu tun, falls der Aspekt auf 2–3 Grad genau und deshalb sehr stark ist (2 Grad bei Halb-, Anderthalbquadrat und Quadrat und 3 Grad bei Konjunktion und Opposition).

2. Die Deutung des beobachteten Spannungsaspekts dadurch ergänzen, dass die Aufgaben, die in der nächsten Mondphase auf uns warten, in die Deutung einbezogen werden.

3. Sich darin üben, zwischen zwei aufeinanderfolgenden Mondphasen eine Synthese herzustellen.

Beispiele kombinierter Mondphasen

Im Folgenden werden einige Beispiele von berühmten Persönlichkeiten besprochen, deren Mondphase gradmässig im Endbereich eines Typus angesiedelt ist, mit dem Ziel abzuwägen, inwiefern die betreffenden Persönlichkeiten zusätzlich zu den Entsprechungen ihres Mondphasentypus von der nächsten Mondphase geprägt werden. (Die Abkürzungen KNM bedeuten «karmischer Neumond» und KNH «Karmisches Neumondhoroskop». Der KNM ist in den Figuren eingezeichnet, das KNH aber nicht abgebildet.)

Geburten an der Grenze zwischen Neumond- und Sichelmondtypus

An der Grenze zwischen diesen beiden Typen, bei denen es gemäss der in diesem Buch vorgeschlagenen Definition einerseits um ein Bewusstsein «zwischen Traumwelt und pionierhafter Impulsivität» und andererseits um den «Kampf gegen die Gespenster der Vergangenheit» geht, finden wir die folgenden Persönlichkeiten mit einem Abstand zwischen

Fig. 13

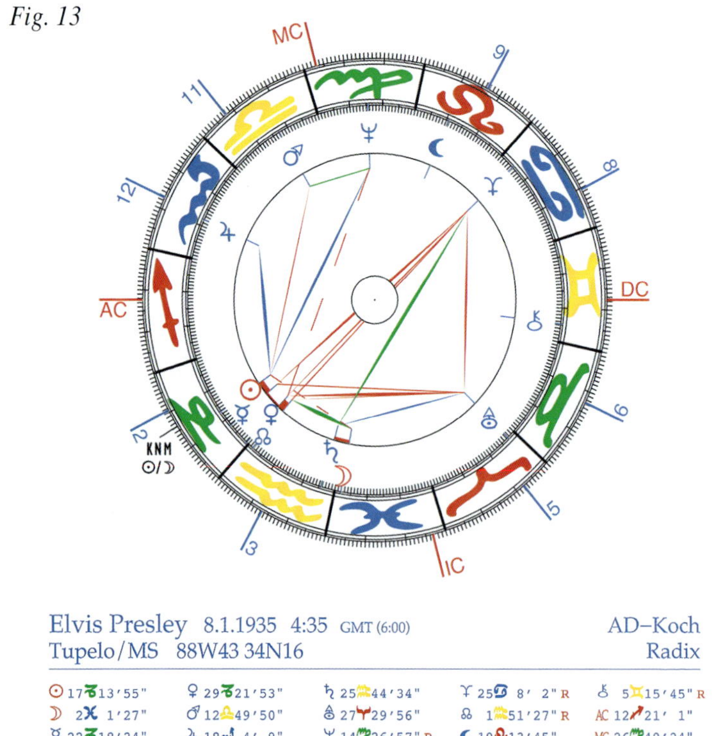

Sonne und Mond im Bereich von 44.00 bis 45.00 Grad (zulässig sind 43.00 bis 45.00 Grad).

Elvis Presley, *geboren am 8. Januar 1935, 4.35 Uhr in Tupelo, Mississippi (Fig. 13)*

Der karmische Neumond (KNM) steht in Steinbock, die Sonne auf 17.14 Grad Steinbock, der Mond auf 2.01 Grad Fische, was zwischen Sonne und Mond einen Abstand von 44 Grad 47 Minuten ergibt. Dieser Wert liegt rechnerisch so nahe bei 45 Grad, dass man bei ungenauer Berechnung dazu neigen könnte, den «King of Rock'n'Roll» zum Sichelmondtypus zu zählen.

So stellt sich uns die Frage, ob Elvis Presley neben den Qualitäten des Neumondtypus auch solche des Sichelmondtypus zeigt *(s. Fig. 13)*.

Grundsätzlich sind Künstler und Musiker häufiger, als es dem Durchschnitt entspricht, dem Neumondtypus zuzuordnen. Hinzu kommt die Tatsache, dass Presley auch als Erwachsener nie richtig aus einer kindhaften Traumwelt aufgetaucht ist und er, als es wohl schwierig wurde, «seine Welt» aufrechtzuerhalten, zu Medikamenten und Drogen griff, die ihm helfen sollten zu regredieren. Diese hatten aber, in Verbindung mit einem massiven Übergewicht, die Wirkung, sein Leben ernsthaft zu verkürzen, sodass er mit 42 Jahren starb. Im «Kampf gegen die Gespenster der Vergangenheit» – eine Aufgabe, die uns die Sichelmondphase vermittelt – versagte er. Wir können annehmen, dass er der Herausforderung auswich, die in der Sichelmondphase mit einer aktiven Auseinandersetzung mit psychologischen Mustern aus der Kindheit zu tun hat, indem er sich weigerte oder nicht in der Lage war, frühere Verstrickungen aktiv anzugehen. Seine Venus/Pluto-Opposition auf der Mondknoten-Achse und im Häuserbereich 2/8 bedeutete in diesem Sinne sowohl einen Schlüssel zur Berühmtheit (grosse Beliebtheit) als auch die Weigerung, an der eigenen Lebensführung und am eigenen Lebensstil etwas zu verändern.

Galileo Galilei, *15. Februar 1564 (julianischer Kalender), 15.41 Uhr, Pisa, I*

KNM in Fische, Sonne 6.05 Grad Fische, Mond 20.56 Grad Widder, Abstand Sonne–Mond: 44.50 Grad.

Galilei erscheint uns aufgrund seiner grossen Neugierde, seines Forschergeistes und Entdeckungsdrangs in erster Linie als Vertreter des Neumondtypus. Die Schwierigkeiten, die er in seinem Leben hatte, indem er immer wieder provozierte, könnten aber auch Ausdruck des

Halbquadrats zwischen Sonne und Mond sein. So liegt die Vermutung nahe, dass mit diesem Aspekt einige der Probleme angezeigt sind, die der nächste Typus mit sich bringt. Dass Galilei in seiner eigenen Welt lebte, gleichzeitig aber öffentliche Anerkennung suchte, ergibt sich aus einer Ballung von fünf Planeten im Fische-Zeichen im zehnten Haus des KNH, bei welcher zusätzlich der Neumond im Quadrat zum Neptun und zum Uranus steht. Fast ebenso stark ist die Fischeballung im Radixhoroskop mit vier Planeten in diesem Zeichen.

Auguste Renoir, *27. Februar 1841, 6.00 Uhr, Limoges, F (Fig. 14)*

KNM in Fische, Sonne 6.31 Grad Fische, Mond 21.08 Grad Widder, Abstand Sonne–Mond: 44.37 Grad.

Mit dem karmischen Neumond zusammen mit weiteren zwei Planeten im zehnten Haus des KNH in Fische, sowie dem Neptun an dessen MC, war für den in der Neumondphase geborenen Auguste Renoir ein musischer Ausdruck naheliegend. Aus bescheidenen Verhältnissen stammend trat er eine Lehre als Porzellanmaler an, erlebte jedoch bereits im Alter von 17 Jahren, dass wegen dem Einsatz von mechanischen Druckverfahren die Manufaktur, in der er tätig war, schliessen musste. So wurde er im

Fig. 14

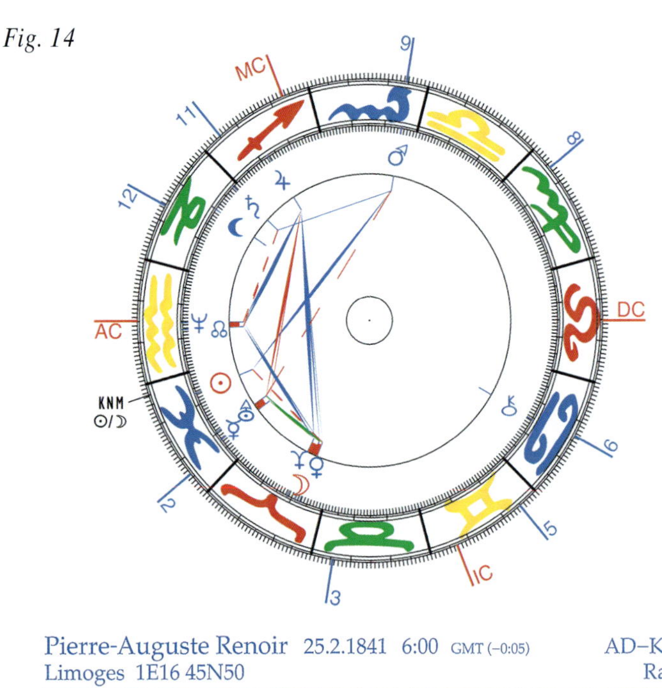

☉ 6♓31′ 6″	♀ 22♈40′29″	♄ 1♑24′52″	♅ 18♈28′19″	⚷ 14♋21′27″ R
☽ 21♈ 8′14″	♂ 4♏52′ 4″	♇ 19♓32′ 1″	☊ 17♒20′17″ R	AC 14♒50′ 7″
☿ 22♓12′37″	♃ 17♐29′46″	♆ 15♒20′11″	⚸ 10♑ 0′16″	MC 6♐47′12″

Alter von 20 Jahren Teil der Impressionisten, die in der Kunst eine neue Bewegung in Gang setzten. Schon in seinen Dreissigern war er beruflich erfolgreich und er traf den Geist der Zeit. Kurz nachdem er fünfzig war, wurde jedoch bei Renoir eine rheumatoide Arthritis diagnostiziert, die ihn dazu veranlasste, ins milde Mittelmeerklima zu ziehen. Trotz seiner Krankheit und dem Rollstuhl malte er bis zum Schluss seines Lebens, indem er sich den Pinsel an die Hand binden liess, als er ihn nicht mehr halten konnte. Er starb schliesslich im Alter von 78 Jahren.

Das künstlerische Schaffen Renoirs ist neben der Fischebetonung Ausdruck der Qualitäten des Neumondtypus. Es scheint, dass er sich im Weiteren durch grosse Bescheidenheit auszeichnete. Dem Halbquadrat und den Sichelmondthemen lassen sich möglicherweise – neben starken Neptun-Themen – die gesundheitlichen Beschwerden zuschreiben, die zu unliebsamen Einschränkungen führten.

Paul Cézanne, *19. Januar 1839, 1.00 Uhr, Aix-en-Provence, F (Fig. 15)*

KNM in Steinbock, Sonne 28.19 Grad Steinbock, Mond 12.56 Grad Fische, Abstand Sonne–Mond: 44.37 Grad.

Fig. 15

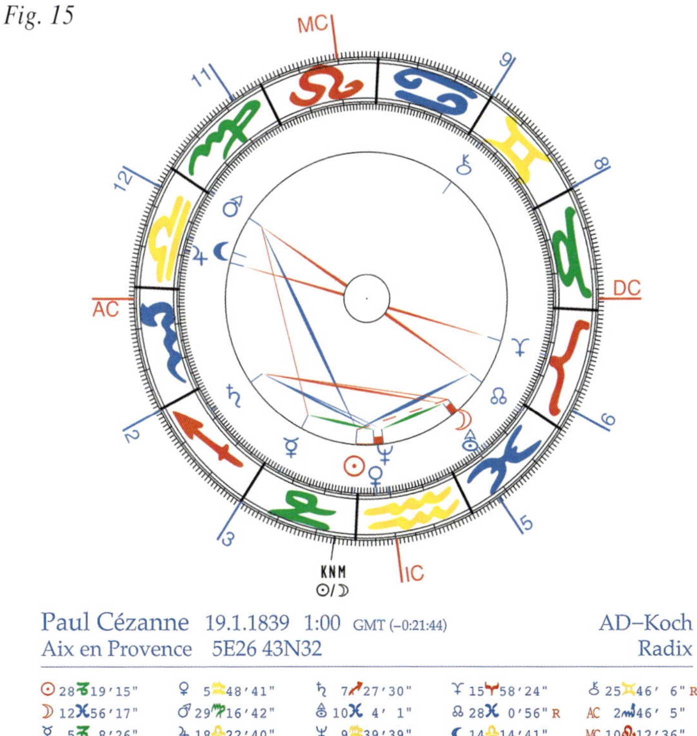

Paul Cézanne hatte sehr zu kämpfen, um als Maler akzeptiert zu werden. So musste er fast 60 Jahre alt werden, um Erfolg zu haben. Er blieb lange von den Zuwendungen seines autoritären Vaters abhängig, was ihn schmerzte. Ebenso verletzte es ihn, als sein Jugendfreund Émile Zola, der ein berühmter Schriftsteller wurde, in einem seiner Werke die Geschichte eines erfolglosen Malers beschreibt, der mit einem erfolgreichen Autor befreundet ist und Selbstmord begeht. Auch wenn mit dem Maler nicht er gemeint war, glaubt Cézanne das und bricht mit seinem Jugendfreund. Der Erfolg stellt sich Ende der 1890er-Jahre ein, als 1897 erstmals ein Museum ein Gemälde Cézannes kauft. Den Erfolg, der sich von da an einstellt, kann Cézanne leider nur kurze Zeit geniessen, denn er stirbt 1906 im Alter von 67 Jahren. Sohn und Ehefrau werden telegrafisch von seiner schweren Erkrankung benachrichtigt, aber sie kommen zu spät.

Als Neumondtypus fehlt es Cézanne nicht an kreativen Impulsen, aber er hat lange gegen Hindernisse anzukämpfen. An seinem Selbstwert nagt die Abhängigkeit von einem autoritären Vater und die Tatsache, dass er nicht so malt, dass er damit beim Publikum ankommt. Er bleibt aber dran und es winkt schliesslich der Erfolg, den er aber nicht mit seiner, ihm entfremdeten, Ehefrau feiern kann. Dafür vergöttert er seinen Sohn. Viele der Schwierigkeiten Cézannes mögen mit seinem stark gestellten Saturn (Quadrat Mond) und Mars am absteigenden Mondknoten zusammenhängen. Auch der KNM im KNH im siebten Haus der Beziehungen, aber im Steinbock-Zeichen, kann dazu zwingen, sich Liebe und Zuwendung mühsam zu erarbeiten. Dafür mag auch die Tatsache sprechen, dass im Radixhoroskop Venus und Mond unter Neptun-Einfluss stehen, was zwar künstlerische Neigungen begünstigt, aber im persönlichen Bereich enttäuschend sein kann. Dabei dürften die gezeigte Disziplin und das Dranbleiben Ausdruck des Sichelmondtypus sein, der bei 45 Grad Abstand zwischen Sonne und Mond beginnt. In diesem Fall muss man sich mit Altlasten aus der Vergangenheit herumschlagen und alte Verstrickungen angehen. Vieles braucht Zeit und einige Probleme von früher lassen sich erst in der späteren Lebenshälfte bewältigen.

Geburten zwischen Sichelmond- und Erstvierteltypus

Bei den folgenden Geburten handelt es sich um Persönlichkeiten, die in ihrem Geburtshoroskop zwischen Sonne und Mond ein recht genaues Quadrat aufweisen. Damit erwarten wir, dass zwischen dem Bild des Vaters und der Mutter eine Unverträglichkeit besteht, was bedeutet, dass eine innere Diskrepanz zwischen Wollen und Fühlen durch Beziehungsarbeit und Arbeit an sich selbst abgebaut werden muss. In Anbetracht der geschlechtsbezüglichen Themen, die mit dieser Konstellation angesprochen sind, erscheint es naheliegend, dass diese Stellung von Männern und Frauen unterschiedlich erlebt und ungleich verarbeitet wird.

Isabelle Adjani, *27. Juni 1955, 1.00 Uhr, Paris, F (Fig. 16)*

KNM in Zwillinge, Sonne 4.36 Grad Krebs, Mond 3.47 Grad Waage, Abstand Sonne–Mond: 89.11 Grad.

Mit neben dem Neumond (einer Sonnenfinsternis) noch weiteren zwei Planeten im Zwillinge-Zeichen und im zwölften Haus des KNH, sowie dem Neumond in Konjunktion mit dem rückläufigen Merkur am absteigenden Mondknoten, können wir annehmen, dass wir es mit einer kommunikationsstarken Persönlichkeit zu tun haben, die aber sehr eigenwillige Ansichten äussert und sich aufgrund ihrer Anschauungen mit bourgeoisen gesellschaftlichen Vorstellungen anlegt. Dies scheint im Radixhoroskop auch der rückläufige Merkur in Konjunktion mit der Venus am absteigenden Mondknoten und an der Spitze des dritten Hauses nahezulegen *(Fig. 16)*. So erstaunt es nicht, dass wir es bei dieser Person mit ei-

Fig. 16

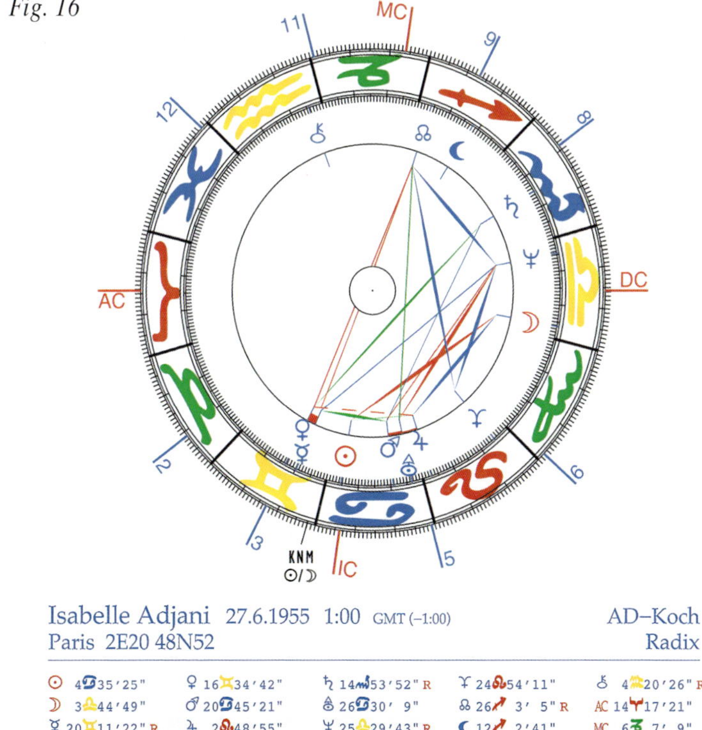

nem frühen Talent zu tun haben – einer Schauspielerin, die mit grosser Frische Symbole und Bilder einer inneren Welt ungefiltert zum Ausdruck bringt. So dürfte sich Isabelle Adjani erlebt haben, als sie als Tochter eines aus Algerien stammenden Chauffeurs und seiner deutschen Frau, aus einfachen Verhältnissen stammend, schon mit 17 Jahren ihren Durchbruch als Schauspielerin schaffte, nachdem sie bereits im Alter von 14 Jahren erste Filmrollen spielte. Ihr Leben erscheint in diesem Lichte als Kombination der Themen des Sichelmondtypus (im Kampf gegen die Gespenster der Vergangenheit), bei welchem es darum geht, sich mit unverarbeiteten psychologischen Mustern aus der Vergangenheit auseinanderzusetzen, und dem Erstvierteltypus, der meist mit einem starken Willen einhergeht und Spass daran findet, wenn alte Strukturen zerbrechen. Ihre Freude am Schockieren hat die Schauspielerin, die inzwischen zu den Grandes Dames des französischen Films gehört, in vielen öffentlichen Auftritten gezeigt. Wie Rudhyar zum Erstvierteltypus sagt: «*Wenn die neue Richtung des Lebens wachsen und gedeihen soll, müssen alte Formen des Verhaltens, Denkens, Fühlens usw. verworfen werden.*» [2]

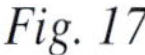

Fig. 17

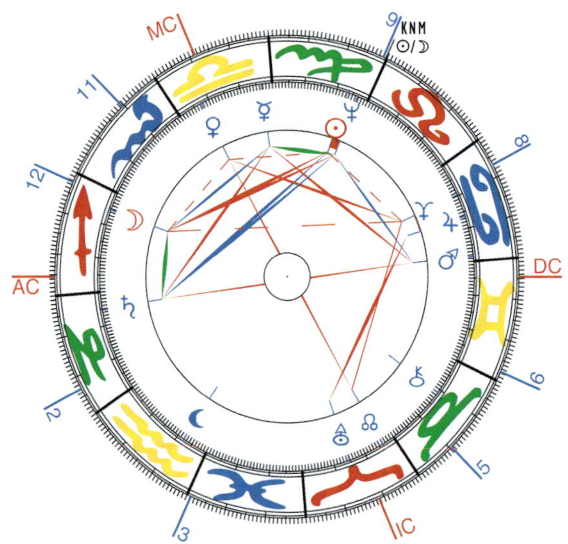

Warren Buffett 30.8.1930 15:00 GMT (6:00) AD–Koch
Omaha/NE 96W01 41N17 Radix

☉ 6♍44′39″	♀ 22♎30′50″	♄ 5♑20′23″ R	♇ 20♋20′56″	⚷ 18♉53′25″ R
☽ 5♐18′ 7″	♂ 1♋30′15″	⛢ 14♈45′24″ R	☊ 26♈ 7′51″ R	AC 25♐25′ 9″
☿ 3♎23′27″	♃ 13♋38′58″	♆ 3♍26′58″	☾ 22♒ 4′24″	MC 18♎45′36″

Warren Buffett, *30. August 1930, 15.00 Uhr, Omaha, Nebraska, USA (Fig. 17)*

KNM in Jungfrau, Sonne 6.45 Grad Jungfrau, Mond 5.18 Grad Schütze, Abstand Sonne–Mond: 88.33 Grad.

Warren Buffett ist, mit 1 ½ Grad Abstand vom Winkel von 90 Grad zwischen Sonne und Mond, ein gutes Beispiel für die Symbolik des Erstvierteltypus. Sein Vermögen (er gehört zu den reichsten Männern der Welt) hat Buffett Schritt für Schritt angehäuft, mit einem sicheren Gespür für Anlagen, die rentieren, in Abgrenzung zu solchen, die nichts bringen. Dabei ging er immer davon aus, dass er nur in das investiert, was er versteht. So blieb Buffett zu Zeiten der Dotcom-Blase, Ende der 90er-Jahre, zum Erstaunen und Befremden vieler dem neuen Markt fern. Die Entwicklung sollte ihm in der Folge aber Recht geben. Im Weiteren hat er sein Vermögen schon vor über zehn Jahren zur Hauptsache wohltätigen Organisationen vermacht. So scheint er nicht zu jenen zu gehören, die aktiv dem Geld nachrennen, sondern jemand zu sein, der die Zyklen von Gewinn und Verlust erfolgreich durchschaut und vielleicht auch seinen Spass daran hat, wenn, wie vorausgesehen, alte Strukturen zerbrechen. Buffetts Horoskop ist zudem ein gutes Beispiel, um zu verstehen, wie man eine Venus/Pluto-Verbindung (ein Quadrat, welches zusätzlich mit der Mondknoten-Achse in Verbindung steht) positiv leben kann.

Geburten zwischen Erstviertel- und Buckelmondtypus

Im positiven Fall verwirklicht sich der Erstviertelmondtypus durch «tatkräftiges Überwinden von Hindernissen», während der Buckelmondtypus vor dem Durchbruch «die letzten blinden Flecken ausmerzt». Ersterer handelt und hat Spass daran, wenn überholte Strukturen zusammenbrechen, während letzterer der Gesellschaft und der eigenen Kultur bedeutungsvolle Werte schenken will. Durch systematische Analyse wird eruiert, was an den vorhandenen Strukturen überholt ist und wie diese Erkenntnis eingesetzt werden kann, um neue Projekte erfolgreich zu starten.

Martin Luther, *10. November 1483 (julianischer Kalender), 22.46 Uhr, Eisleben, D (Fig. 18)*

KNM in Skorpion, Sonne 27.20 Grad Skorpion, Mond 11.04 Grad Widder, Abstand Sonne–Mond: 133.44 Grad.

Das systematische Vorgehen Luthers entspricht dem Erstvierteltypus, mit welchem auch die Freude am Zusammenbruch überholter Strukturen einhergeht. Die konsequente Analyse der Gründe für das Scheitern der von Korruption geprägten kirchlichen Strukturen schaffte den Boden für den Aufbau einer neuen, schlankeren Organisation, was das Werk der Reformation war.

Geburten zwischen Buckelmond- und Vollmondtypus

Bei dieser Kombination verbindet sich die Kritik am bisherigen System mit dem Drang, eine eigene Vision zu verkünden und unter die Menschen zu bringen. Mit der Opposition zwischen Sonne und Mond in einem engen Orb handelt es sich um unruhige Persönlichkeiten, die häufig von starkem Schwarz-Weiss-Denken geprägt und vom Drang beseelt sind, das, was sie als «Schatten» betrachten, auszumerzen.

Fig. 18

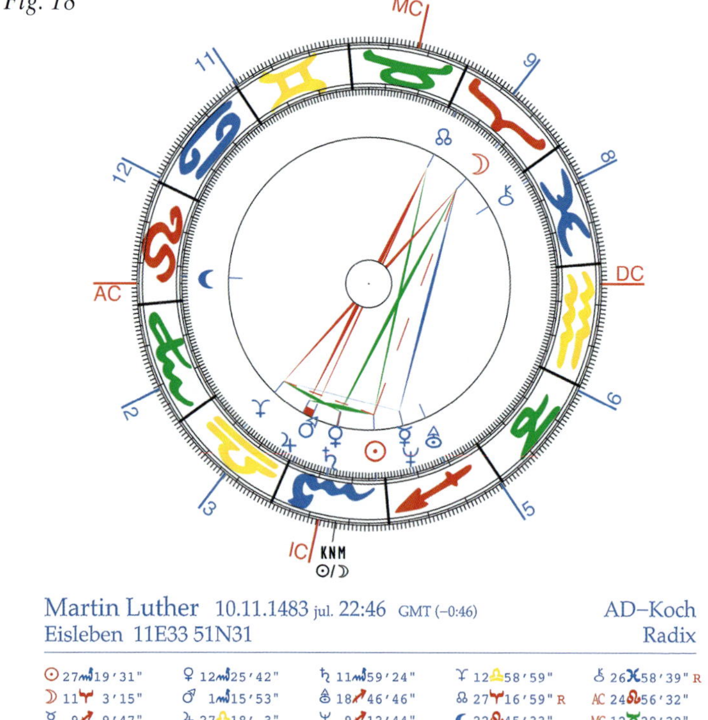

Donald Trump, *14. Juni 1946, 10.54 Uhr, Queens, New York, USA (Fig. 19)*

KNM in Zwillinge, Sonne 22.56 Grad Zwillinge, Mond 21.12 Grad Schütze, Abstand Sonne–Mond: 178.16 Grad.

Im Falle von Trump haben wir es bei der gut sichtbaren Sonne/Mond-Opposition mit einer Mondfinsternis zu tun, wobei die Sonne mit Uranus in Konjunktion steht. Diese schwer vereinbare Opposition zwischen Wollen und Fühlen, zwischen männlich und weiblich droht zu einer Verdrängung der Gefühle und bei einem Mann zu einer machohaften Einstellung zu führen, gemäss welcher Männern und Frauen im Leben völlig andere Rollen zukommen. Gleichzeitig ist ein enormes Bedürfnis vorhanden, bei andern anzukommen, dies aber möglichst aus einer beherrschenden und machtvollen Position heraus, die zu andern Menschen ein Gefälle schafft. Aus dem Buckelmondanteil von Trumps Horoskop geht ein grosser Perfektionsanspruch einher, der zum Drang führt, im Verhältnis zu andern die eigene Überlegenheit zu demonstrieren. Um möglichst grosse Effizienz zu erreichen und keine Schwäche zu riskieren, wird Alkohol nicht angerührt. Gleichzeitig kommen tiefliegende – aber

Fig. 19

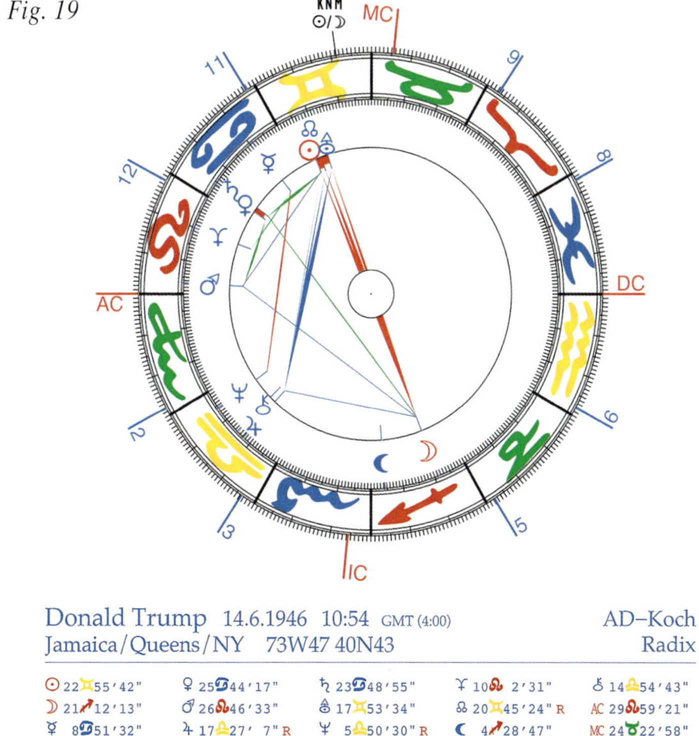

weitgehend verdrängte – Zweifel am eigenen Wert über ein pathologisch wirkendes Bestätigungsbedürfnis zum Ausdruck.

Andrew Jackson, *15. März 1767, 7.36 Uhr, Waxhaw, North Carolina, USA (Fig. 20)*

KNM in Fische, Sonne 24.44 Grad Fische, Mond 23.53 Grad Jungfrau, Abstand Sonne–Mond: 179.09 Grad.

Andrew Jackson war der siebte Präsident der USA und er amtete von 1829 bis 1837. Von den früheren US-Präsidenten ist er derjenige, den Donald Trump über alle Massen bewundert und dessen Bild gegenwärtig im Oval Office hängt. Bekannt wurde er durch seine kriegerischen Erfolge gegen die Briten und die Indianer. Er unterschrieb 1830 den «Indian Removal Act», gemäss welchem die Indianer zwangsumgesiedelt werden konnten. 1835 überlebte er den ersten Mordanschlag auf einen amtierenden US-Präsidenten. Was Trump an Jackson besonders imponiert, ist, neben dem rabiaten Umgang mit der amerikanischen Urbevölkerung, Jacksons populistische Rhetorik und Popularität beim Mann auf der Strasse, die ihm den Übernamen «King Mob» einbrachte. Von sich

Fig. 20

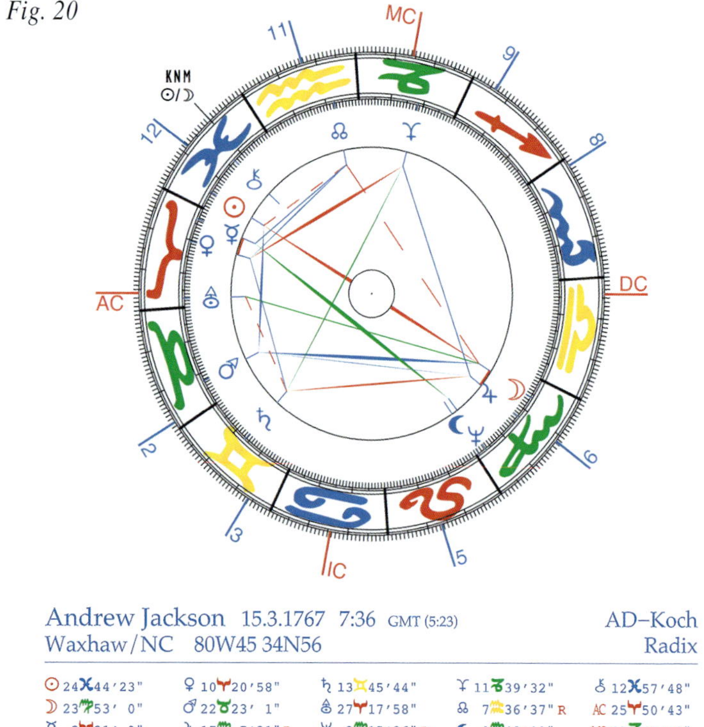

sagte Jackson: *«Ich wurde für einen Sturm geboren und Ruhe passt nicht zu mir.»* Er konnte sehr zornig werden und sein autoritäres Gehabe führte dazu, dass ihm einige den Übernamen «American Cesar» gaben. Wie Trump kam Jackson mit einem Wahlkampf gegen die politische Elite an die Macht, dies mit einem Programm, welches äusserst vage war. Falls wir der unsicheren Geburtszeit von Andrew Jackson trauen können, hat er den Uranus im Widder-Zeichen am Aszendenten (bei Trump befindet sich Mars in Löwe am AC). Die Eigenwilligkeit, die ähnlich Trump auch Jackson charakterisiert, dürfte in beiden Fällen mit der Vision zu tun haben, die eine exakte Vollmond-Stellung auslöst, wobei das ausgeprägte Bedürfnis nach Anerkennung zu einer populistischen Regierungsform führt.

Francisco Franco, *4. Dezember 1892, 0.30 Uhr, El Ferrol, E*

KNM in Skorpion, Sonne 12.24 Grad Schütze, Mond 11.40 Zwillinge, Abstand Sonne–Mond: 179.16 Grad.

In gewisser Weise ist der spanische General und Diktator, der den spanischen Bürgerkrieg (1936–39) für sich entschied und das Land während 36 Jahren mit eiserner Hand regierte, mit einem Vollmond in Zwillinge (Konjunktion Neptun und Pluto) und einer Sonne in Schütze ein Pendant zu Donald Trump, dessen Vollmond die Sonne in Zwillinge und den Mond in Schütze aufweist. Auch Franco hatte eine Vision, die darauf ausgerichtet war, das Land vor sozialistischen Experimenten zu bewahren, indem er sich als Hüter der Tradition in die Führungsrolle brachte. Der Coup gelang mit Hilfe von Hitler und Mussolini.

Max Weber, *21. April 1864, 22.00 Uhr, Erfurt, D*

KNM in Widder, Sonne 1.59 Grad Stier, Mond 29.59 Grad Waage, Abstand Sonne–Mond: 178.00 Grad.

Max Weber, ein deutscher Soziologe und Nationalökonom, gilt als Klassiker der Kultur- und Sozialwissenschaften. Er hat mit seinen Konzepten grossen Einfluss auf die Wirtschafts-, die politische und die Religionssoziologie ausgeübt. Bekannt ist die Verbindung, die er zwischen Protestantismus und Kapitalismus herstellte. Seine brillante Analyse der Unstimmigkeiten gesellschaftlicher Modelle qualifiziert ihn als Repräsentant des Buckelmondtypus. Die Prägnanz seines Ausdrucks und die Durchschlagskraft seiner Theorien siedeln ihn aber auch beim Vollmondtypus an. Kurz vor seinem frühen Tod im Jahre 1920, infolge der Spanischen Grippe und nach einer Zeit grosser Arbeitsüberlastung, hielt Weber im Januar 1919 in München einen Vortrag mit dem Titel «Politik als Beruf». Darin formulierte er drei Grundanforderungen für den Politiker: *«Leidenschaft im Sinne von Sachlichkeit, Verantwortlichkeit im Sinne des Sachanliegens, ‹Augenmass› als notwendige persönliche Distanz zu Dingen und Menschen.»* (Wikipedia)

Ingeborg Bachmann, *25. Juni 1926, 20.23 Uhr, Klagenfurt, A (Fig. 21)*

KNM in Zwillinge, Sonne 3.27 Grad Krebs, Mond 2.26 Grad Steinbock, Abstand Sonne–Mond: 178.59 Grad.

Die österreichische Schriftstellerin, die schon in jungen Jahren Musik komponierte und Gedichte schrieb, studierte zunächst Philosophie, Psychologie, Germanistik und Rechtswissenschaften an verschiedenen österreichischen Universitäten, um sich dann in ihrer Doktorarbeit mit Martin Heidegger auseinanderzusetzen. Bachmanns erste Veröffentlichung erfolgt im Alter von 20 Jahren, und sie wird mit 28 Jahren durch eine Titelgeschichte im deutschen Wochenmagazin DER SPIEGEL einem breiteren Publikum bekannt. Eine wichtige Etappe im Leben Bachmanns ist die Begegnung mit Max Frisch im Jahre 1958, in den sie sich leidenschaftlich verliebt.

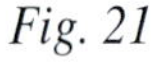

Fig. 21

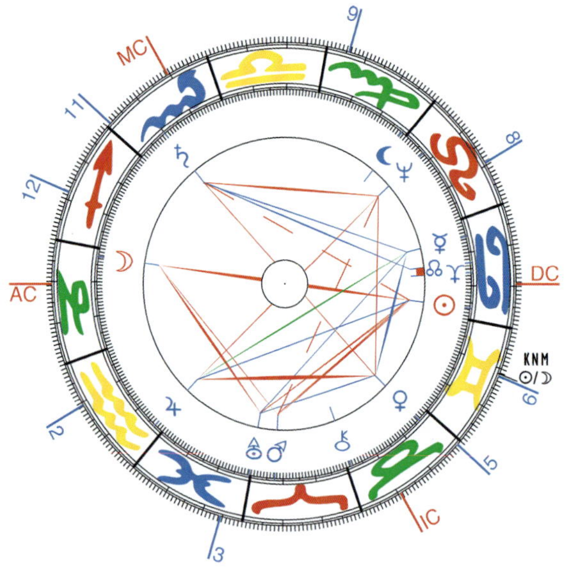

Ingeborg Bachmann 25.6.1926 20:23 GMT (–1:00) AD–Koch
Klagenfurt 14E18 46N37 Radix

☉ 3♋27′ 6″	♀ 26♉25′ 8″	♄ 20♏ 3′28″ R	♇ 13♋58′ 2″	⚷ 1♉25′28″
☽ 2♑26′ 3″	♂ 7♈18′43″	⛢ 29♓24′20″	☊ 16♋59′32″ R	AC 10♑34′ 6″
☿ 24♋47′18″	♃ 27♒ 1′28″ R	♆ 22♌43′56″	⚸ 1♍44′34″	MC 10♏38′34″

Sie zieht nach Zürich und mit Frisch später nach Rom, aber Frisch beendet Ende 1962 die Beziehung. Ingeborg Bachmann verkraftet die Trennung nicht und wird in der Folge tabletten- und alkoholabhängig. Sie erleidet im Jahre 1973 in ihrer römischen Wohnung schwere Verletzungen durch einen Brand, wird falsch behandelt und stirbt im gleichen Jahr. Seit 1977 wird am Klagenfurter Literaturwettbewerb im Gedenken an Ingeborg Bachmann der bedeutende Literaturpreis verliehen, der ihren Namen trägt. Ein Zitat von Bachmann lautet: «*Meine Existenz ist eine andere, ich existiere nur, wenn ich schreibe, ich bin nichts, wenn ich nicht schreibe, ich bin mir selbst vollkommen fremd, aus mir herausgefallen, wenn ich nicht schreibe* [...], *es ist eine seltsame, absonderliche Art zu existieren, asozial, einsam, verdammt, es ist etwas verdammt daran.*» [6]

Das Horoskop von Ingeborg Bachmann ist ein gutes Beispiel dafür, wie eine Buckelmond/Vollmond-Konstellation von einer Frau häufig anders gelebt wird als von einem Mann, was zumindest für frühere Generationen des 20. Jahrhunderts gilt. Neigen Männer bei einem Vollmond häufig zur Täterrolle und zur Verdrängung des Mond-Pols, erleben sich Frauen zuweilen als Opfer, indem sie sich in ihrer weiblichen Mond-Rolle von Männern (Sonne) an die Wand gedrückt fühlen. In diesem Fall kann die Neigung zum Perfektionismus, die der Buckelmond auslöst, zu Schuldgefühlen Anlass geben, während diese im männlichen Fall häufig abreagiert werden, indem es zu einer Projektion auf das Gegenüber kommt. Solche Rollenverteilungen prägen die Beziehungen, die beim Vollmond eine wichtige Rolle spielen und im Vordergrund stehen.

Geburten zwischen Vollmond- und Aussaattypus

Beide Mondphasen sind stark auf das Gegenüber ausgerichtet. Der Vollmondtypus will seine Vision unter die Menschen bringen und bei anderen Anklang und Beachtung finden. Der Aussaattypus hingegen ist darauf spezialisiert, die Botschaft, die er herüberbringen will, auf eine Art kundzutun, dass sie bei andern ankommt. Er bereitet sie so auf, dass er damit andere überzeugen kann. Ein interessantes Beispiel dazu gibt es aus dem Bereich der Astrologie:

Alexander Ruperti, *23. Mai 1913, 22.08 Uhr, Stuttgart, D (Fig. 22, folgende Seite)*

KNM in Stier, Sonne 2.07 Grad Zwillinge, Mond 16.14 Grad Steinbock, Abstand Sonne–Mond: 224.07 Grad (–135.53 Grad).

An der Stelle von 225 Grad zwischen Sonne und Mond (bzw. –135 Grad, wenn wir den verbleibenden Abstand zwischen Mond und Sonne zugrunde legen) beginnt der Aussaattypus, sodass Ruperti mit 224.07 bwz. –135.53 Grad noch knapp dem Vollmondtypus zuzuordnen ist. Wie sich die Themen mit seiner Lebensgeschichte verbinden, zeigt das folgende Curriculum: Alexander Ruperti wurde als Sohn russischer Eltern geboren und hat seine Kindheit in England und in Deutschland verbracht. In England fühlte er sich der Arkan-Schule von Alice Bailey nahe und soll auch mit dem bekannten Astrologen Charles E. O. Carter in Verbindung gestanden sein. 1939 schloss er eine Ausbildung zum Osteopathen ab, ein Beruf, den er ab diesem Zeitpunkt ausübte, als er im gleichen Jahr in die französische Schweiz zog, wo er bis zu seinem Tod im Jahre 1998 lebte.

Entscheidend dafür, dass er die Astrologie wieder definitiv zu seinem Beruf machte, war die Begegnung mit Dane Rudhyars Werk in den 1960er-Jahren. In Rudhyars Schriften fand Ruperti eine Bestätigung für das humanistische Weltbild der Astrologie, das ihm entsprach. Dies führte zu Vortragstouren durch die USA Mitte der 1970er-Jahre, die sich – mit begeisterten Zuhörern – als voller Erfolg erwiesen. So sattelte Ruperti nach seiner Rückkehr in die Schweiz ganz auf die Astrologie um und er veröffentlichte eine ganze Reihe von Büchern, die vor allem auf Französisch und zum Teil auch auf Englisch und Deutsch erschienen und

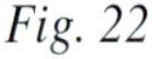
Fig. 22

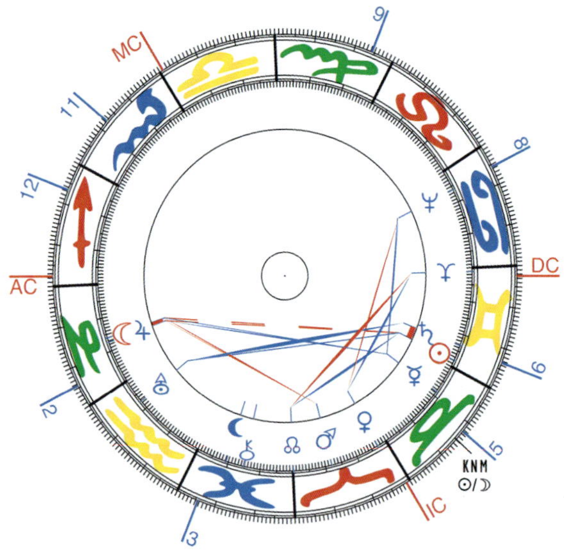

Alexander Ruperti (korr.) 23.5.1913 22:08 GMT (–1:00) AD–Koch
Stuttgart 9E10 48N46 Radix

☉ 2♊ 5'36"	♀ 27♈ 7' 9"	♄ 6♊47'40"	♇ 28♊53'31"	⚷ 14♓49' 5"
☽ 16♑ 1'55"	♂ 11♈59'17"	♅ 7♒29'49" R	☊ 0♈ 9'54" R	AC 27♐36'45"
☿ 21♉21'17"	♃ 17♑19'47" R	♆ 23♋52'19"	☾ 9♓19'32"	MC 29♎ 4'59"

von Rupertis erfolgreicher astrologischer Karriere zeugen. Er war an den Astrologieweltkongressen, die zwischen 1981 und 2004 in Luzern, Zürich und Basel organisiert wurden, bis zu seinem Tode ein regelmässiger Gast. Die Beschreibung des Aussaattypus mit «Die Verkündung der Botschaft» in diesem Buch trifft auf Ruperti in jeder Weise zu und es zeigt sich, wie stimmig Rupertis Lehrmeister, Dane Rudhyar, den Aussaatmenschen charakterisierte: «*Ein Mensch, der populär macht, was ihn bei seinen Studien oder Erfahrungen am stärksten beeindruckt hat* […].»

Wahrscheinlich kennen nur die älteren Leser dieses Buches Alexander Ruperti aus eigener Erfahrung und es ist nicht sicher, dass sie auf seine tiefschürfenden und philosophischen Bücher aufmerksam wurden. Beim ganz jungen Publikum ist wohl ein anderer Vertreter des Grenzbereichs zwischen Vollmond- und Aussaattypus ungleich viel bekannter:

Justin Bieber, *1. März 1994, 0.56 Uhr, London, Ontario, CAN*

KNM in Wassermann, Sonne 10.25 Grad Fische, Mond 24.38 Grad Waage, Abstand Sonne–Mond: 224.13 Grad (–135.47 Grad).

Justin Bieber wurde vor etwa zehn Jahren entdeckt, nachdem er Videos auf Youtube gestellt hatte. Seither ist seine Musikkarriere, mit bisher über 140 Millionen verkauften Tonträgern und 100 Millionen Followern auf Twitter, fulminant verlaufen. Den richtigen Ton und die richtigen Worte zu finden, um die Menschen anzusprechen und zu berühren, das ist die Kunst des Aussaattypus. Dies scheint Bieber, der aus einfachen Verhältnissen stammt und von seiner alleinerziehenden Mutter aufgezogen wurde, in die Wiege gelegt worden zu sein.

Geburten zwischen Aussaat- und Letztvierteltypus

In diesem Bereich kommt es zu einer widersprüchlichen Situation. Der Aussaattypus will «die Botschaft verkünden», während der Letztvierteltypus sich im «Loslassen und in der Neuorientierung» üben soll. Dazu gibt es ein breites Spektrum an recht unterschiedlichen Beispielen.

Otto von Bismarck, *1. April 1815, 13.00 Uhr, Schönhausen (Sachsen-Anhalt), D (Fig. 23, folgende Seite)*

KNM in Fische, Sonne 10.54 Grad Widder, Mond 8.38 Grad Steinbock, Abstand Sonne–Mond: 267.42 Grad (–92.18 Grad).

Bismarck, der preussische Ministerpräsident und Kanzler des Deutschen Reiches, beherrschte die europäische Politik von den 1860er- bis zu den 1890er-Jahren und war jener Politiker, der Deutschland vereinigte. Er gehört in dem Sinne zum Aussaattypus, dass er es verstand, eine Vision, ein Konzept und eine Strategie unter Berücksichtigung der vorhandenen Umstände realistisch umzusetzen. Dies setzt eine Fähigkeit voraus, «die Dinge, die mitgeteilt werden sollen, in der Begriffswelt der Menschen, die man erreichen will, zum Ausdruck zu bringen». Dazu verhalf ihm auch, dass er die wichtigsten Sprachen jener Zeit beherrschte – neben Deutsch Englisch, Französisch, Italienisch und Russisch. So wurde er zum genialen Organisator, der aber, an der Grenze zum Letztvierteltypus, auch fähig sein musste loszulassen, um sich neu zu orientieren. Dies hatte er zu lernen, als er nach einer erfolgreichen Zeit unter Wilhelm I. vom neuen deutschen Kaiser, Wilhelm II., nach zwei Jahren, aber immerhin im fortgeschrittenen Alter von 75 Jahren, entlassen wurde. Er tat sich schwer damit, verkündete aber bereits einen Tag nach seinem Rücktritt, seine Memoiren zu verfassen.

Die zwei ersten Bände, GEDANKEN UND ERINNERUNGEN, erschienen 1898, kurz nach Bismarcks Tod und wurden gleich zu Bestsellern. Bismarcks Horoskop *(Fig. 23)* weist ein Mond/Sonne-Quadrat auf, das auch deshalb von grosser Bedeutung ist, weil der Mond am absteigenden Mondknoten steht. Diese Stellung erzeugt ein grosses Bedürfnis nach Beliebtheit beim Volk, was auch darüber zum Ausdruck kam, dass Bis-

Fig. 23

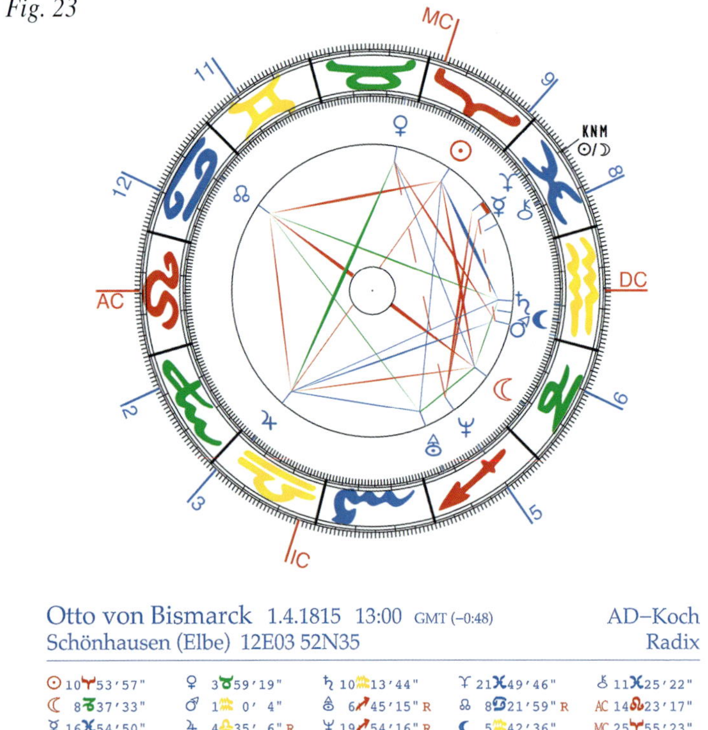

marck als Kanzler der Deutschen Vereinigung eine Autorität genoss, die jene des Kaisers (Wilhelm I.) bei weitem übertraf. So klagte der Kaiser einmal: *«... es ist nicht leicht, unter einem solchen Kanzler Kaiser zu sein»*. Die Sonne im neunten Haus, in Opposition zum Jupiter, der als Langsamläufer auch die ganze Mondknotenachse prägt, unterstützte das Bedürfnis, alles selbst bestimmen zu können, ebenso wie die Verkündung und Umsetzung einer Strategie, die von oben nach unten durchgesetzt wurde.

Das Alte überwinden, um eine neue Botschaft zu verkünden, kann ebenfalls einer Kombination zwischen dem Aussaat- und dem Letztvierteltypus entsprechen. Solches beobachten wir beim amerikanischen Schriftsteller und Pionier der Beat Generation, Allen Ginsberg, mit einem Abstand zwischen Sonne und Mond von 269 Grad (bzw. von der Distanz des Mondes zur Sonne aus betrachtet –91 Grad). Ginsberg versuchte sich kurze Zeit darin, ein normales Leben zu führen, stieg jedoch mit dem Segen seines Psychotherapeuten aus, um Pot zu rauchen und all das zu tun, was er sich zu tun wünschte. Seine Gedichte machten ihn in der Folge zu einer Leitfigur der Beat Generation.

Ähnlich verhält es sich mit dem spanisch-mexikanischen Filmregisseur Luis Buñuel, mit einem Abstand von 267.42 Grad (–92.18 Grad) zwischen Sonne und Mond, bzw. Mond und Sonne. Dessen Geburtskoordinaten präsentieren sich wie folgt:

Luis Buñuel, *22. Februar 1900, 12.00 Uhr, Calanda, E (Fig. 24, folgende Seite)*

KNM in Wassermann, Sonne 3.26 Grad Fische, Mond 1.08 Grad Schütze, Abstand Sonne–Mond: 267.42 Grad (–92.18 Grad).

Luis Buñuel, der die Gesellschaft seines Heimatortes Calanda als konservativ und starrsinnig bezeichnete, ging mit 17 Jahren nach Madrid, um dort Literatur, Philosophie und Geschichte zu studieren. Nachdem er dort García Lorca und Salvador Dalí begegnete und sich intensiv mit Freuds Psychoanalyse beschäftigte, zog es ihn mit 25 Jahren nach Paris, wo er damit begann, erste kleine Filme zu drehen und sich der Gruppe der Surrealisten anschloss. Da er in seinen Filmen systematisch Kirche und Bourgeoisie kritisierte, war der Versuch, als Regisseur in Spanien Fuss zu fassen, nicht von Erfolg gekrönt. In der Folge macht der Spanische Bürgerkrieg derartige Pläne ohnehin zunichte. So etablierte sich Buñuel, nach weiteren Versuchen in den USA, in Mexiko. Dort konnte er Fuss fassen und er erlebte, dass seine Filme zwar nicht in Hollywood, aber in Cannes Anklang fanden.

Neben extremen Aspekten von Langsamläufern auf der Mondknotenachse (unter anderem Pluto am absteigenden Mondknoten, im Quadrat zum Merkur), kann man Buñuels starken Antrieb, eine prägnante Botschaft zu verkünden, als Ausdruck des Aussaattypus verbuchen, was, in Verbindung mit der Devise von «Loslassen und Neuorientierung» des Letztvierteltypus, darauf hinausläuft, dass das Gebäude der bestehenden Strukturen zuerst heruntergerissen wird, bevor die Elemente des Neuen auf kraftvolle und eigenwillige Art kreativ umgesetzt werden. Das Instrument des Absurden und Paradoxen, dessen sich Buñuel dabei bedient, entspricht der Möglichkeit, das zum Ausdruck zu bringen, was der Letztvierteltypus mitteilen will. Dabei geht es darum, «unserem Leben einen neuen Sinn» einzuflössen, wobei es zu einer «Infragestellung dessen kommt, was uns bisher selbstverständlich erschien». So entspricht das Werk Buñuels einer beispiellosen Aufforderung, «frühere Konditionierungen hinter sich zu lassen».

Geburten zwischen Letztviertel- und balsamischem Typus

Steht der Mond mit 47–45 Grad kurz vor dem Halbquadrat zur Sonne, haben wir es mit einer Stellung zu tun, die einer Kombination zwischen

Fig. 24

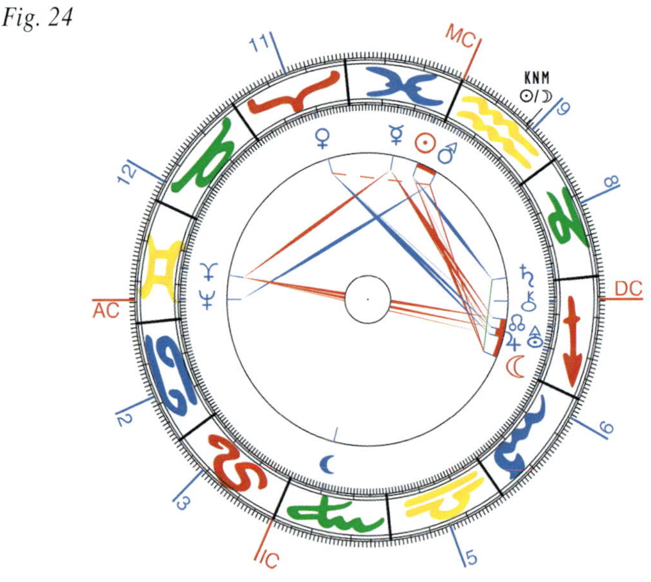

Luis Buñuel 22.2.1900 12:00 GMT (0:01) AD–Koch
Calanda 0W14 40N56 Radix

☉ 3♓26′25″	♀ 10♈44′ 8″	♄ 2♑59′56″	♇ 14♊42′ 1″ R	⚷ 23♐40′39″
☽ 1♐ 7′26″	♂ 24♒55′49″	♅ 12♐14′26″	☊ 16♐22′52″ R	AC 24♊25′11″
☿ 13♓56′24″	♃ 9♐10′51″	♆ 24♊14′45″ R	⚸ 10♍12′50″	MC 29♒51′14″

Qualitäten des «Loslassens und der Neuorientierung» sowie einer Endzeitstimmung zu tun hat, die sich bereits am bevorstehenden, neuen Zyklus orientiert. In Rudhyars Worten ist der balsamische Typus *«in seiner höchsten Manifestation prophetisch und völlig auf die Zukunft gerichtet, wenn er sich als Endprodukt der Vergangenheit betrachtet* [...] *und von einer sozialen ‹Bestimmung› getrieben oder von einer übergeordneten Macht geführt.»* Dazu fehlt es nicht an überzeugenden Beispielen:

Nostradamus, *14. Dezember 1503 (jul. Kal.), 12.00 Uhr, Saint-Rémy, F (Fig. 25)*

KNM in Schütze, Sonne 1.37 Grad Steinbock, Mond 15.47 Grad Skorpion, Abstand Sonne–Mond: 214.10 Grad (–45.50 Grad).

Nostradamus' Geburtszeit gilt als nicht gesichert, wird aber weitherum als stimmig herumgereicht. In einem solchen Fall ist es aber immer von Interesse, auf den karmischen Neumond abzustellen, der bei Nostradamus im KNH auf 6 Grad Schütze im vierten Haus, in Konjunktion mit Pluto und im Quadrat zum Uranus, steht. Nostradamus' Biografie führt uns einen Renaissancemenschen vor, der sich sehr bald als erfolgreicher Pest-Arzt etabliert, um später zum berühmtesten Propheten des

Fig. 25

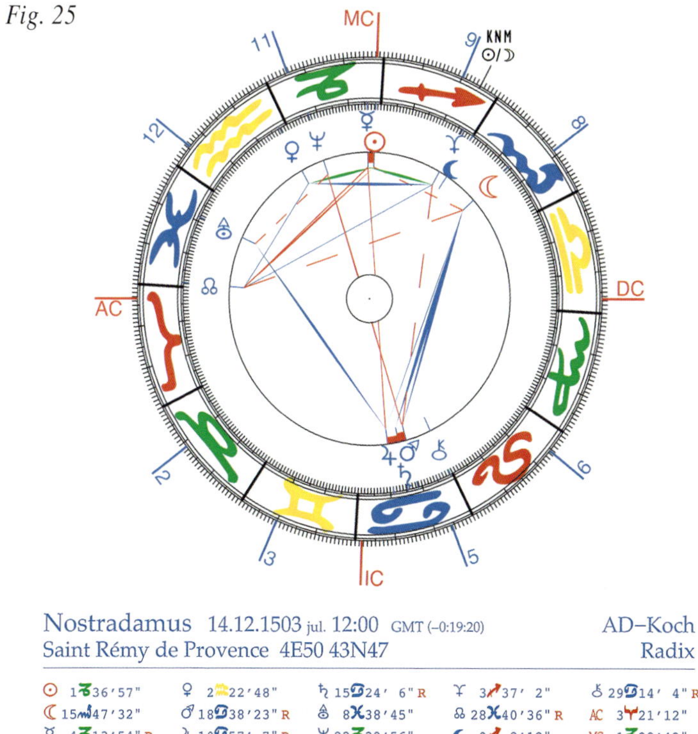

16. Jahrhunderts zu werden, ein Titel, den er sich auch später erhalten hat. So gilt er mittlerweile wohl gar als der berühmteste westliche Prophet aller Zeiten. Aus einer jüdischen Familie stammend, war sein Leben jedoch ein ständiger Kampf gegen die Gefahr, von der Inquisition verhaftet und verurteilt zu werden. So stehen in Nostradamus' Leben der Gabe, in die Zukunft zu blicken, zahlreiche persönliche und familiäre Prüfungen gegenüber. Eine davon war die Tragik, als berühmter Pest-Arzt dennoch im Alter von 30 Jahren seine Frau und seine beiden Kinder an die Pest zu verlieren. Mit der Niederschrift seiner Prophezeiungen begann er im Alter von 44 Jahren, aber diese wurden erst acht Jahre später, 1555, veröffentlicht. Damit vergrösserte sich Nostradamus' Ruf und er genoss in der Folge Schutz durch die Königin Katharina von Medici, die ihn bewunderte.

Bei Nostradamus ging es neben der Niederschrift seiner Prophezeiungen, die ihn für alle Zeiten berühmt gemacht haben, in manchen Etappen seines Lebens darum, loszulassen und als Pest-Arzt, ohne in erster Linie auf das eigene Wohl bedacht zu sein, seine Energie in den Dienst der Gemeinschaft zu stellen. Immer wieder musste er neu beginnen, eine neue Familie gründen, weil die Familienmitglieder wegstarben, was insgesamt zu drei Ehen führte – eine Thematik, die recht überzeugend durch den karmischen Neumond im vierten Haus im Schütze-Zeichen, in Konjunktion mit Pluto und im Quadrat zu Uranus, angezeigt ist. Man kann dies auf die Weise resümieren, dass zwar Familienthemen ein beherrschendes Thema von Nostradamus' Leben waren, seine Forschungen, Erkenntnisse und die Suche nach der Wahrheit ihm jedoch den Verlauf seines Lebens vorgaben. Eine solche Entsprechung symbolisiert in starkem Masse die Verbindung der letzten beiden Mondphasen im 8-Phasen-Zyklus.

George Washington, *22. Februar 1732, 10.00 Uhr, Westmoreland VA, USA*

KNM in Wassermann, Sonne 3.19 Grad Fische, Mond 16.57 Grad Steinbock, Abstand Sonne–Mond: 313.38 Grad (–46.22 Grad).

Beim ersten Präsidenten der Vereinigten Staaten, George Washington, dessen Amtszeit nach erfolgreicher militärischer Karriere am 4. März 1789 begann, lässt die folgende Aussage erkennen, dass er mit dieser Amtsübernahme nicht seinem eigenen Wunsch folgte, sondern einem Ruf der Gemeinschaft: *«Um 10 Uhr sagte ich Mount Vernon, dem Privatleben und dem häuslichen Glück Lebewohl und machte mich mit den ängstlichen und schmerzlichsten Gefühlen auf den Weg nach New York.»* [7]

Zur Qualität der beiden letzten Mondphasen des Achter-Systems passt auch, dass George Washington ein Freimaurer war, der den Präsidenten-Eid auf der Logen-Bibel des Staates New York ablegte und dieser vom Grosskanzler der Grossloge von New York, Robert R. Livingston, abgenommen wurde. Kurz vor seinem Tod schrieb George Washington der Grossloge von Maryland: *«So weit ich mit den Lehren und Prinzipien der Freimaurerei vertraut bin, verstehe ich sie in der Wohltätigkeit begründet und sind nur zum Wohle der Menschheit auszuüben.»* In Gedenkreden hiess es nach Washingtons Tod dementsprechend: *«Der Erste im Krieg, der Erste im Frieden und der Erste im Herzen seiner Landsleute»* (General Henry Lee) oder: *«Seine Integrität war die reinste, seine Rechtsauffassung die unbedingteste, die ich je erlebt habe. Keine Motive des Interesses oder der Blutsverwandtschaft, von Freundschaft oder Hass waren fähig, seine Entscheidungen zu beeinflussen. Er war in der Tat, in jeder Hinsicht der Worte, ein weiser, ein guter und ein grosser Mann.»* (Thomas Jefferson) Die Überwindung persönlichen Egoismus' und die Bereitschaft, persönliche Interessen und Begierden am Altar der Allgemeinheit zu opfern, sind wichtige Qualitäten, die in der positiven Entsprechung sowohl den Letztviertel- als auch den balsamischen Typus charakterisieren.

Weitere Beispiele dieser Kombination finden wir bei der Schauspielerin Meryl Streep (–46 Grad), dem Musiker und Schauspieler Justin Timberlake (–47 Grad), dem Maler Georges Braque (–45.19 Grad) und dem Fotografen Henri Cartier-Bresson (–47 Grad).

Geburten zwischen balsamischem und Neumondtypus

Steht der Mond kurz vor der Sonne, befinden wir uns in der Endphase des Sonne/Mond-Zyklus, die zum balsamischen Typus führt. Aufgrund der bisher vorgelegten Beispiele kann man jedoch annehmen, dass es sich im Grenzbereich von 3 Grad vor dem Neumond um eine Kombination zwischen dem balsamischen und dem Neumondtypus handelt. Im positiven Fall würde dies bedeuten, dass eine ausgeprägte Fähigkeit vorhanden ist loszulassen, im Wissen, dass man auf einen neuen Anfang zusteuert und sich gleichzeitig durch die spielerische Spontaneität des Neumondtypus auszeichnet. Das Thema des Loslassens kann auch darüber zum Ausdruck kommen, dass man in eine Zeit hineingeboren wird, in der vieles zu Ende geht und man vergeblich versucht, anstehende Herausforderungen gemäss alten Rezepten anzugehen, was zum Scheitern verurteilt ist. Beginnen wir bei unseren Beispielen mit dem Horoskop einer Person, die wir thematisch vor allem dem balsamischen Typus zuordnen würden:

Jane Roberts, *8. Mai 1929, 23.27 Uhr, Albany, New York (Fig. 26)*

KNM in Widder, Sonne 18.01 Grad Stier, Mond 16.27 Grad Stier, Abstand Sonne–Mond: 358.23 Grad (–1.37 Grad).

Einer breiten Öffentlichkeit wurde Jane Roberts als spirituelles Medium im Zusammenhang mit Durchsagen eines geistigen Wesens namens «Seth» bekannt. Aus einem ärmlichen Haushalt, mit teilweise kranker, alleinerziehender Mutter stammend, um die sie sich bald kümmern musste, entwickelte Jane schon früh grosse Verlustängste, was bei ihr auch zu gesundheitlichen Problemen führte. Weitgehend auf sich gestellt, hielt sie sich als Jugendliche neben der Schule durch verschiedene kleine Jobs über Wasser und heiratete früh. 1954 begegnete sie jedoch ihrem Seelenpartner, dem Maler Robert Fabian Butts, und es begann eine reiche Zeit spiritueller Zusammenarbeit. Mit 34 Jahren kam es dann zum paranormalen Kontakt mit Seth, und dies war der Beginn der ab 1963 zweimal wöchentlich stattfindenden Trancesitzungen, in

Fig. 26

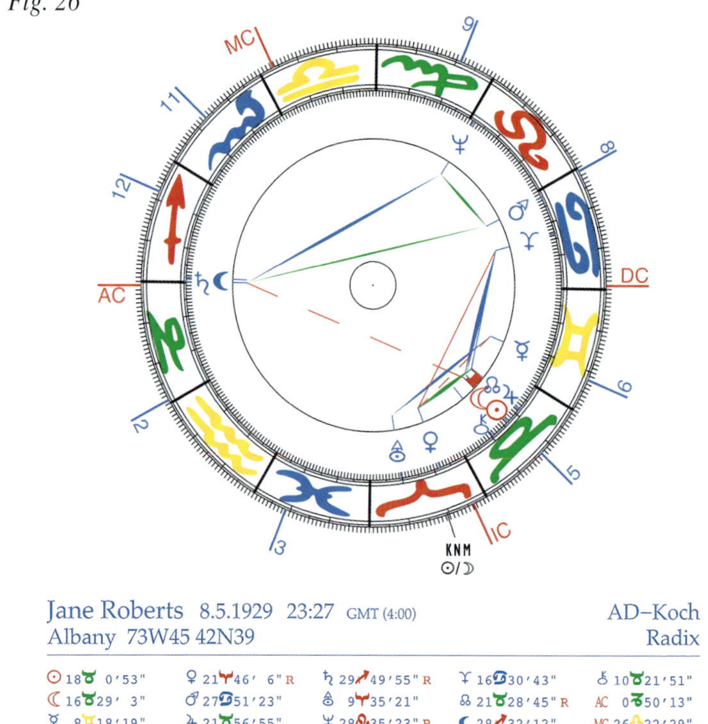

welchen Botschaften von Seth empfangen wurden, die Janes Ehemann handschriftlich aufzeichnete und anschliessend in Manuskriptform brachte.

In der Folge entstanden bis zu Jane Roberts Tod im Jahr 1984 zehn Bücher, die sich mit den Themen des Ursprungs des Universums, der Evolution und verschiedener Realitäten, in denen wir leben, beschäftigten. Der Verkauf der Bücher wurde zu einem grossen Erfolg und Roberts wurde durch die Veröffentlichung der Seth-Bücher zu einer der bekanntesten Vertreterinnen auf dem Gebiet der aussersinnlichen Wahrnehmung. Wir finden im Horoskop von Jane Roberts eine ganze Reihe von schwierigen Themen, die, für sich betrachtet, herunterziehen und depressiv stimmen. Nahe dabei angesiedelt ist aber die Hoffnung und der Glaube an eine Rettung und den Übergang in eine bessere Zeit. Dieses Thema wiederholt sich im Horoskop von Jane Roberts mehrmals. Es ist nicht nur mit dem Mond kurz vor der Sonne (im fünften Haus!) angesprochen, sondern auch dadurch, dass kurz nach der Sonne, in enger Konjunktion mit dem Mondknoten, Jupiter Glück und eine positive Entwicklung verspricht. In dieser Begegnung steckt auch der positive Übergang von der Endzeitstimmung des balsamischen Mondes zum freudigen Neubeginn, den die Neumondphase verspricht: In Konjunktion mit Jupiter und im fünften Haus ein schöpferischer Sprung zu einem neuen Bewusstsein, was im Venus-Zeichen Stier in enger Zusammenarbeit mit dem Wunsch- und Seelenpartner stattfindet. Dadurch wird ein tiefsitzendes Gefühl der Ablehnung überwunden, das durch die rückläufige Venus an einer Hauptachse (IC), im Quadrat zum Pluto, angezeigt ist (der Vater verliess die Familie kurze Zeit nach der Geburt von Jane und die Mutter, die sehr bald Invalidin wurde, drohte ständig mit Selbstmord. Im Übrigen gab sie der Tochter die Schuld für ihre Krankheit, die kurz nach der Geburt eingesetzt hatte). Das Thema der einschränkenden Realität und der möglichen Rettung aus dieser, ist auch durch die Lilith/Saturn-Konjunktion angezeigt, die, kurz vor dem Aszendenten in Steinbock, noch im Jupiter-Zeichen Schütze und im Trigon zum Neptun stattfindet.

Es folgen einige anders gelagerte, aber ebenfalls klassische Beispiele der Kombination zwischen der balsamischen und der Neumondphase:

Karl Marx, *5. Mai 1818, 2.00 Uhr, Trier, D (Fig. 27)*

KNM in Widder, Sonne 13.56 Grad Stier, Mond 11.16 Grad Stier, Abstand Sonne–Mond: 357.20 Grad (–2.40 Grad).

Karl Marx' Abrechnung mit dem Kapitalismus und die Propagierung des Sozialismus und des Kommunismus als gerechteres Verteilsystem der Güter, dies ausgehend von der Vision einer besseren Welt, ist eine klassische Entsprechung des balsamischen Typus. Die Wirkung, die Karl Marx mit seinen Schriften entfaltete, ebenso wie die Proklamation des KOMMUNISTISCHEN MANIFESTES im Revolutionsjahr 1848, zeigen aber eine Dynamik, die man von ihrer Intensität und von der Kreativität des Prozesses her durchaus mit dem Neumondtypus in Verbindung bringen kann. Zu den Entsprechungen des balsamischen Typus gehört auch Karl Marx' Abhängigkeit von den Zuwendungen vonseiten Friedrich Engels' infolge der Schwierigkeiten, die er mit der Verbreitung seiner Ideen auf deutschem Gebiet erlebte, als die NEUE RHEINISCHE ZEITUNG, Organ der Demokratie, die er in Köln herausbrachte, 1849 von Preussen verboten wurde. So musste Marx 1849 ins Londoner Exil gehen, von wo aus er seine neuen Werke herausbrachte. Dort arbeitete er auch an seinem

Fig. 27

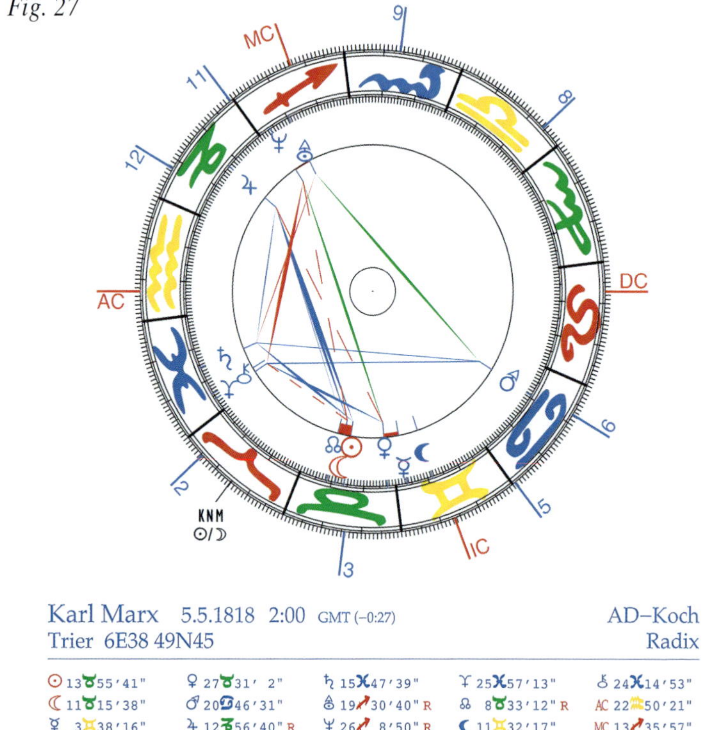

Hauptwerk, DAS KAPITAL, dessen erster Band 1867 in Hamburg erschien. Die späteren Bände wurden nach Marx' Tod zwischen 1885 und 1894 von Friedrich Engels herausgebracht.

Wie im oben geschilderten Fall von Jane Roberts, mit einer Sonnenfinsternis in Stier kurz nach der Geburt, wirkt sich bei Marx das Jupiter-Prinzip in Form eines Trigons in verschiedener Weise positiv aus: Der Philosoph und Fabrikant Friedrich Engels unterstützt ihn finanziell bis zu seinem Lebensende und sorgt dafür, dass Marx' Werke veröffentlicht werden. Dies verhilft der revolutionären Ideologie Marx' zu einem grossen Bekanntheitsgrad und trägt dazu bei, dass Marx' Theorien politisch umgesetzt werden und das auf Marx folgende Jahrhundert auf dramatische Weise prägen.

Kaiser Franz Joseph I., *18.8.1830, 9.23 Uhr, Wien, A (Fig. 28)*

KNM in Krebs, Sonne 24.50 Grad Löwe, Mond 23.02 Grad Löwe, Abstand Sonne–Mond: 358.12 Grad (–1.48 Grad).

Franz Joseph I. war mit einer Regierungszeit von 1848 bis zu seinem Tode im Jahre 1916 während 68 Jahren Kaiser von Österreich-Ungarn. Durch seine lange Amtszeit, die grundlegende historische Perioden um-

Fig. 28

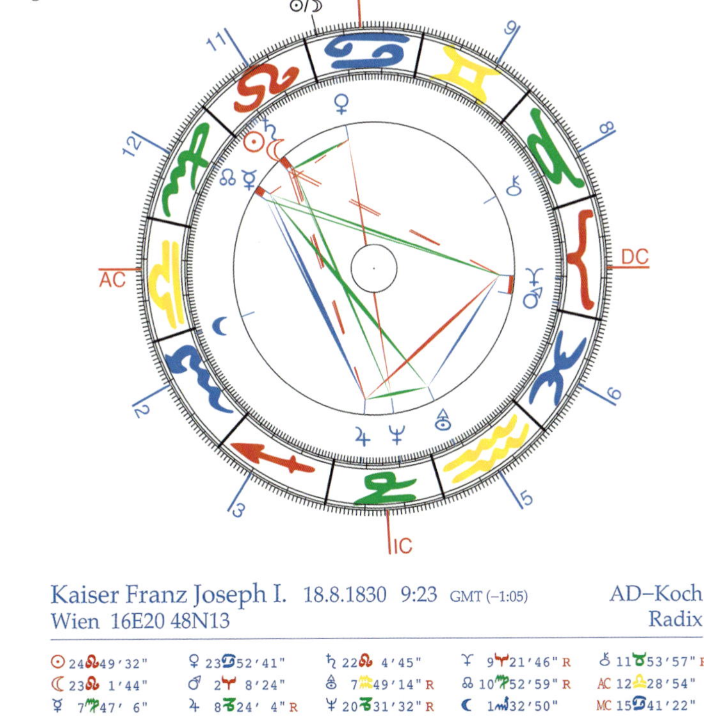

spannte, wurde er aber, ohne es wohl antizipiert zu haben, zum Totengräber der Donaumonarchie – eine zum balsamischen Typus durchaus passende Entsprechung. Interessant ist dabei die Aussage des Wirtschaftsfachmanns Ernest von Koerber, Ministerpräsident von 1900 bis 1904: *«Der Kaiser hat Österreich zweimal unendlich geschadet – einmal durch seine Jugend und einmal durch sein Alter.»* Beanstandet wird Franz Josephs fatalistische Haltung zum Ausbruch des Ersten Weltkrieges, die über den folgenden, ihm zugeschriebenen Ausspruch, treffend zum Ausdruck kommt: *«Wenn wir schon zugrunde gehen müssen, dann wenigstens anständig!»* Diese Haltung verkörpert exemplarisch die Gefahr, die beim balsamischen Typus lauert: Wenn man schon nichts verändern kann, dann kann man zumindest danach trachten, seinen Status und seine Gewohnheiten bis zum Schluss beizubehalten.

Dies ist eine Gefahr, wenn mit Saturn in Konjunktion mit dem Neumond, im Anderthalbquadrat zum Pluto an einer Hauptachse (Deszendent), jene Planeten das Sagen haben, die im problematischen Fall dazu verführen, Kritik zu unterdrücken und den Status Quo aufrechtzuerhalten, damit aber den Moment für wichtige Veränderungen zu verpassen. Das Bild des alten Kronos/Saturn, der seine Kinder frass, um mögliche Veränderungen aufzuhalten, drängt sich dabei auf. Das nächste Beispiel ist ein einleuchtendes Exempel für einen nicht bewältigten Konflikt zwischen balsamischer und Neumondphase, der auch über einen karmischen Neumond in Fische und einem Radix-Neumond in Widder zum Ausdruck kommt.

Marlon Brando, *3. April 1924, 23.00 Uhr, Omaha/Nebraska, USA (Fig. 29)*

KNM in Fische, Sonne 14.09 Grad Widder, Mond 13.05 Grad Widder, Abstand Sonne–Mond: 359.04 Grad (–0.56 Grad).

Marlon Brando wächst in einem recht instabilen Elternhaus, mit alkoholabhängigen Eltern auf, die sich bald trennen, um dann wieder zusammenzuziehen, wobei die Mutter immer wieder Suizidversuche unternimmt. Von ihr häufig vernachlässigt, entwickelt sich der junge Brando zu einem introvertierten, unangepassten, schlechten Schüler, der Autoritätspersonen sehr aggressiv begegnet. Dies führt in der Folge auch beim Erwachsenen zu einer Fülle von emotionalen Problemen, die er versucht, durch eine sich über Jahrzehnte hinziehende Psychoanalyse in den Griff zu bekommen. Seinen schauspielerischen Fähigkeiten tut dies jedoch keinen Abbruch und er gilt als einer der bedeutendsten Charakterdarsteller der Filmgeschichte des letzten Jahrhunderts. (In einer 1999 veröffentlichten Liste des «American Film Institute» nimmt er auf einer Liste, die die grössten Filmlegenden aller Zeiten aufführt, den 4. Rang ein.)

Als Brandos Schulleistungen sich nicht verbessern, wird er von seinem Vater im Alter von 17 Jahren in eine Militärakademie gesteckt, die er wegen Aufmüpfigkeit allerdings bereits zwei Jahre später ohne Abschluss verlässt. Erfolgreicher verläuft dann der nächste Versuch seiner Eltern, ihn auf die richtige Bahn zu bringen. Mit deren finanzieller Unterstützung geht er nach New York an eine Schauspielschule und kann mit 20 Jahren bereits am Broadway auftreten. Mit 25 folgt der erste Film und im Alter von 27 mit «Endstation Sehnsucht» der Durchbruch.

Brandos Erfolgswelle dauert gut 20 Jahre, bis zum Film «Der letzte Tango in Paris» – ein Titel, der praktisch auch das Ende von Brandos grosser Karriere kennzeichnet. Danach wird er extrem übergewichtig, die Ausstrahlungskraft und der Sex Appeal sind weitgehend dahin. Auch trüben Familiengeschichten mit seinen Kindern Brandos Glück. So tötet sein Sohn den Freund seiner Tochter und diese erhängt sich fünf Jahre später, nachdem bei ihr Schizophrenie diagnostiziert worden war. Im Horoskop Brandos muss man allerdings nicht lange suchen, um die

Fig. 29

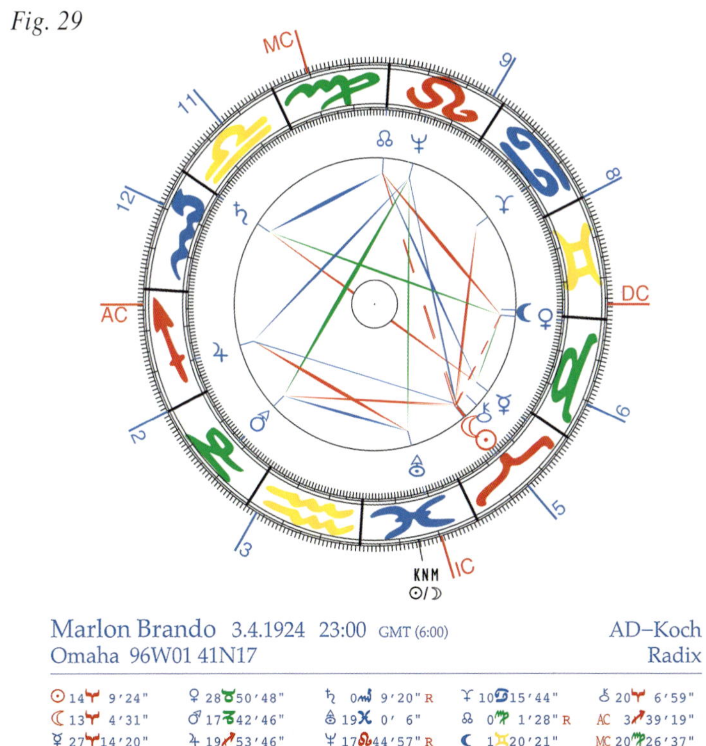

Möglichkeit extremer Entsprechungen zu finden: Der Neumond der Geburt in Widder ereignet sich im Quadrat zum Mars und zum Pluto, während die Venus in Konjunktion mit der Lilith und im Quadrat zur Mondknotenachse am DC steht.

Weitere Beispiele für Mondphasen an der Grenze zwischen balsamischem und Neumondtypus sind: Die britische Sängerin, Songwriterin und Schauspielerin Kim Wilde (Radix-Mond 2 Grad vor der Sonne), der chilenische Poet, Diplomat, Politiker und Nobelpreisträger Pablo Neruda (Mond 2 Grad vor der Sonne), der Biologe und Entwicklungspsychologe Jean Piaget (Mond 3 Grad vor der Sonne), die ehemalige niederländische Königin Beatrix (Mond 2 Grad vor der Sonne) und der indisch-britische Schriftsteller Salman Rushdie (Mond 15 Bogenminuten vor der Sonne).

Das System der 28 Mondphasen

Allexxandar / dreamstime, Wacker / Mondex

Das in den letzten Kapiteln beschriebene 8-Phasen-Mandala von Dane Rudhyar ist in der Astrologie seit den 1970er-Jahren gut etabliert. Im letzten Kapitel wurde, in Anbetracht der Tatsache, dass wir bisher nicht wussten, wie wir im Falle von Sonne/Mond-Abständen verfahren sollen, die kurz vor einen Mondphasenwechsel fallen, der Versuch unternommen, solche Stellungen im Grenzbereich zuverlässig zuzuordnen. Der Vorschlag lautet: Bei Mondphasen, die bis 3 Grad vor Neumond oder Vollmond fallen, eine Kombination zwischen dem auslaufenden und dem folgenden Mondphasentypus vorzunehmen. Bei sämtlichen anderen Aspekten sollte der Orb meines Erachtens 2 Grad nicht überschreiten.

William Butler Yeats

William Butler Yeats, 1903, Foto: Alice Boughton, (Whyte's, public domain, Wikimedia)

Nun gibt es aber über diese Achtereinteilung hinaus ein System von 28 Mondphasen, welches auf den irischen Dichter und Nobelpreisträger *William Butler Yeats* (1865–1939) zurückgeht. Yeats, dessen Horoskop in *Fig. 30* abgebildet ist, war ein von der englischen Romantik beeinflusster Schriftsteller, der sich nach der Rückkehr der Familie nach London, wo sie schon gelebt hatte, bevor sie nach Irland umzog, im Jahre 1887 der Theosophischen Gesellschaft von Helena Blavatsky anschloss, um kurz darauf, im Jahre 1890, zu dem neu gegründeten «Hermetic Order of the Golden Dawn» zu wechseln, in welchem okkulte Erfahrungen gesammelt und magische Rituale praktiziert wurden. Dabei kam ihm eine führende Funktion zu, und dies gilt auch für den Nachfolgeorden «Stella Matutina» (lat. Morgenstern), dem er bei dessen Gründung im Jahre 1903 beitrat und dessen Mitglied er bis 1923 blieb. Dass Yeats sich in der Tradition mystischer Erfahrungen verortete, geht auch aus seiner Aussage aus dem Jahre 1892 hervor: «*Das mystische Leben ist das Zentrum all dessen, was ich tue, und all dessen, was ich denke, wie auch all dessen, was ich schreibe.*»

Mit dem Wechsel nach London wurde W. B. Yeats, nach einem früheren Kunststudium in Dublin, definitiv zum Schriftsteller, wobei er sich neben der englischen Romantik intensiv mit Hinduismus und mit Mystik beschäftigte. Dies zu tun, hatte er in der Hermetischen Gesellschaft des Golden Dawn und im Folgeorden Stella Matutina Gelegenheit, wobei sein Ordensname «Daemon est deus inversus» («Der Dämon ist ein umgedrehter Gott») aufschlussreich ist.

Dieser Name zeugt von Yeats' rebellischen und gesellschaftskritischen Qualitäten, die sich durch die Sonne/Uranus-Konjunktion in Zwillinge erklären lassen, die in Opposition zum Jupiter die schöpferischen Eigenschaften seines fünften Hauses prägt. Ausdruck von Yeats' eigenwilligem Forschergeist ist auch sein 1925 in der 1. Auflage erschienenes Spätwerk, A VISION, das er als «Buch meiner Bücher» bezeichnete und in welchem er das System von 28 Mondphasen vorstellt. Dabei kam das Rohmaterial dazu auf wundersame Art und Weise zusammen:

Vier Tage nach Yeats' Hochzeit mit der jungen Georgie Hyde-Lees, als am 24. Oktober 1917 der Uranus über seinen Mond ging, erhielt William Butler Yeats über sie, die als Medium fungierte, erhellende Botschaften aus dem Jenseits. Die Durchsagen wurden von Georgie zuerst durch automatisches Schreiben und später durch Sprechen im Traum übermittelt. Während der darauffolgenden Jahre führte Yeats die Infor-

Fig. 30

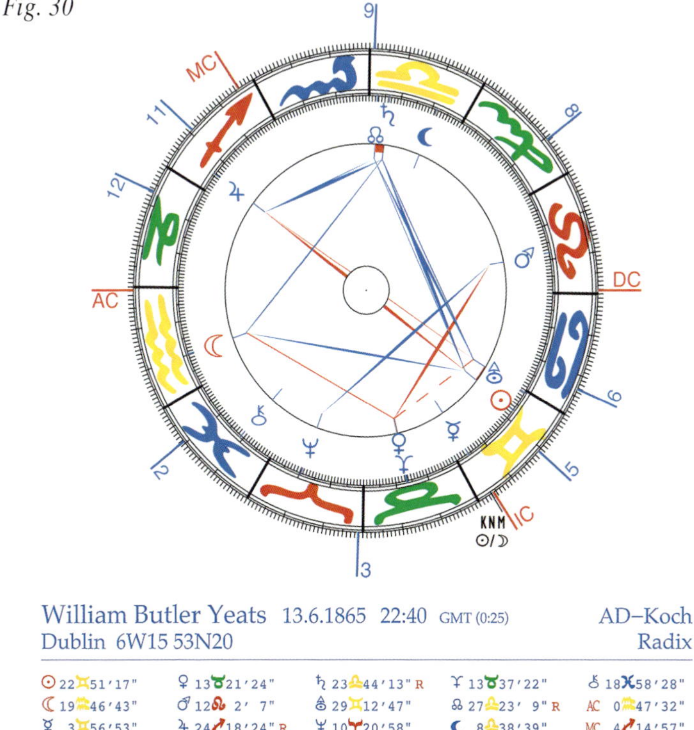

mationen und Notizen, die seine Frau und er gesammelt hatten, zusammen. Aus diesem Material ging acht Jahre später das Buch A VISION hervor, in welchem verschiedene Typen menschlicher Persönlichkeit mit den Phasen des Mondes in Verbindung gebracht werden.

Das Entstehen des Werks war mit harter Arbeit verbunden. Yeats dazu: «*Tag für Tag sass ich in meinem Sessel und habe in meinem Geiste ein Symbol gedreht und gewendet, es bis in all seine Einzelheiten erforscht.*» Das Buch war allerdings sowohl für die Astrologen als auch für das literarische Publikum eine herbe Enttäuschung. Den Astrologen lieferte er keinen Schlüssel, um die beschriebenen Persönlichkeitstypen konkreten astronomischen Sonne/Mond-Phasen zuordnen zu können. Dies erstaunte umso mehr, als Yeats mit dem System der Astrologie gut vertraut war. So kann man annehmen, dass er in seiner Weigerung, eine Verbindung mit dem Horoskop herzustellen, den Vorgaben einer geistigen Durchsage oder eines spirituellen Lehrers folgte. Vielleicht befürchtete er auch, dass seine symbolischen Aussagen durch Angabe eines Schlüssels vulgarisiert und ihres geistigen Inhalts beraubt werden könnten.

Auch das literarische Publikum war jedoch vor den Kopf gestossen, denn es konnte sich aus dem sibyllinischen Inhalt des esoterischen Buches nichts zusammenreimen. Entsprechend lau fielen die Reaktionen aus. Yeats hatte den Verleger gewarnt, dass *«das Buch völlig anders sei»,* als irgendeines seiner sonstigen Werke und *«es wird nicht das gleiche Publikum ansprechen».* So wurde beschlossen, dass eine beschränkte Auflage gedruckt würde. Dementsprechend verschickte der Verlag, nach Erscheinen des Buches, lediglich 600 unterschriebene Exemplare in Subskription. Reaktionen darauf gab es kaum. Dies veranlasste Yeats im Frühjahr zu folgender Aussage: «*Die Aufnahme des Buches beim Publikum erinnert mich an die Steine, die ich als Kind in einen bestimmten, sehr tiefen Brunnen warf. Der Platscher kam von weit weg und war kaum hörbar.*» Dies schreckte Yeats jedoch nicht ab, denn er war davon überzeugt, dass der Zeitpunkt für das Verständnis der Botschaft später kommen würde.

Deutungsschlüssel lässt 50 Jahre auf sich warten

Es dauerte allerdings beinahe 50 Jahre, bis 1974 die Astrologinnen Marilyn Busteed und Dorothy Wergin, zusammen mit Richard Tiffany, der ihnen beim Verfassen des Manuskriptes half, mit dem Buch PHASES OF THE MOON: A GUIDE TO EVOLVING HUMAN NATURE [8] herauskamen. Eine ihrer wichtigen Leistungen besteht darin, dass sie einen Schlüssel herausbrachten, mit welchem die 28 von Yeats skizzierten Persönlichkeitstypen den einzelnen Mondphasen zugeordnet werden konnten. Das etwas schwer zugängliche Buch fand in der astrologischen Welt zunächst jedoch keine allzu grosse Aufmerksamkeit, bis es 1982 von der damals grössten amerikanischen Astrologenvereinigung, der AFA (American Federation of Astrologers), neu aufgelegt und einem breiteren Publikum zugänglich gemacht wurde.

Dem folgte dann 1988 das prägnanter verfasste Buch MOON PHASES – A SYMBOLIC KEY von Martin Goldsmith [9], der auf dem identischen, aber etwas vereinfachten Prinzip der Zuordnung der Mondphasen aufbaut. [10] Gemäss dem von Busteed und Wergin entworfenen Schlüssel, den auch Goldsmith verwendet, beträgt die Phase des Neumondes des ersten Quadrates jeweils 30 Grad, während die anderen Phasen sich über bloss 10 Grad erstrecken. Anders ausgedrückt werden Mondphase 1, Mondphase 8, Mondphase 15 und Mondphase 22 30 Grad zugewiesen. Die dazwischen liegenden Mondphasen 2 bis 7, 9 bis 14, 16 bis 21 und 23 bis 28 beinhalten demgegenüber Abschnitte von lediglich 10 Grad. Die 28 Mondphasen mit Bezeichnungen, die grossenteils von Martin Goldsmith übernommen oder aus Anschaulichkeitsgründen anders definiert wurden, sind in *Tabelle 1* (folgende Seiten) zusammengestellt.

Zuordnung der 28 Mondphasen zu Planeten und Zeichen

Der grosse Wert des von Busteed und Wergin ermittelten Schlüssels zur Zuordnung der verschiedenen Mondphasen liegt darin, dass diese bestimmten Zeichen- und Planeten-Entsprechungen zugewiesen werden. Zuallererst muss man sich allerdings damit anfreunden können, dass die Phase der Konjunktion, die von 0 bis 30 Grad Abstand zwischen Sonne und Mond reicht, dem Fische-Zeichen zugeordnet wird.

Auch wenn einige für die erste Mondphase vielleicht eher das Widder-Zeichen erwarten würden, steht die Entsprechung aber letztlich nicht im Gegensatz zur Definition des Neumondtypus gemäss der Einteilung von Rudhyar, die im vorhergehenden Kapitel als «Zwischen Traumwelt und pionierhafter Impulsivität» definiert wurde – ein Hinweis, dass innerhalb der 45 Grad, die den Neumondtypus im Achtersystem charakterisieren, eine Umwandlung von Fische zu Widder stattfindet. Im System der 28 Mondphasen umfasst die erste Phase statt 45 auch nur 30 Grad, wogegen im Zusammenhang mit den nächsten 30 Grad das Widder-Zeichen zum Zuge kommt.

Auch die Tatsache, dass Menschen der Mondphase 1 – die übrigens in der dargelegten Systematik als «Im Seerosenteich» beschrieben wird –

Abstand Sonne-Mond	Bezeichnung		Zeichen- und Planetenentsprechung
0° bis 30°	Mondphase 1:	Im Seerosenteich	Fische – Neptun, Mond, Pluto (Busteed) [8] / Neptun, Mond, Mars (Goldsmith) [9]
30° bis 40°	Mondphase 2:	Der Trickster	Widder 1 – Mars (Busteed) / Merkur, Mars (Goldsmith)
40° bis 50°	Mondphase 3:	Eintritt in neue Welt	Widder 2 – Mars, Sonne (Busteed) / Mars/Sonne (Goldsmith)
50° bis 60°	Mondphase 4:	Aus dem Fundus alten Wissens schöpfen	Widder 3 – Mars, Jupiter (Busteed) / Mars, Jupiter, Mond (Goldsmith)
60° bis 70°	Mondphase 5:	Der/Die Romantiker/in	Stier 1 – Venus (Busteed) / Venus, Mond (Goldsmith)
70° bis 80°	Mondphase 6:	Der/Die Rebell/in	Stier 2 – Venus, Merkur (Busteed) / Saturn, Mars, Merkur (Goldsmith)
80° bis 90°	Mondphase 7:	Der Ackerbauer	Stier 3 – Venus, Saturn (Busteed) / Mars/Pluto (Goldsmith)
90° bis 120°	Mondphase 8:	Der/Die Schauspieler/in	Zwillinge – Merkur, Venus, Uranus (Busteed) / Sonne, Venus, Merkur (Goldsmith)
120° bis 130°	Mondphase 9:	Die Zusammenkunft	Krebs 1 – Mond (Busteed) / Mond, Jupiter (Goldsmith) von Freunden
130° bis 140°	Mondphase 10:	Der/Die Architekt/in	Krebs 2 – Mond, Pluto (Busteed) / Mond, Saturn (Goldsmith)
140° bis 150°	Mondphase 11:	Die Welt als Traum, Vision und Verführung	Krebs 3 – Mond, Neptun (Busteed) / Mond, Venus, Neptun (Goldsmith)
150° bis 160°	Mondphase 12:	Der/Die Kaiser/in	Löwe 1 – Sonne (Busteed) / Sonne, Mars, Pluto (Goldsmith)
160° bis 170°	Mondphase 13:	Der/Die Tänzer/in	Löwe 2 – Sonne, Jupiter (Busteed) / Sonne (Goldsmith)
170° bis 180°	Mondphase 14:	Die Visionssuche	Löwe 3 – Sonne, Mars (Busteed) / Mars, Jupiter, Neptun (Goldsmith)

Tabelle 1: **Alle 28 Mondphasen**

Abstand Sonne-Mond	Bezeichnung	Zeichen- und Planetenentsprechung
180° bis 210° −180° bis −150°	**Mondphase 15:** Der/Die Geliebte	Jungfrau – Merkur, Saturn, Venus (Busteed) / Mond, Venus, Merkur (Goldsmith)
−150° bis −140°	**Mondphase 16:** Die Mission	Waage 1 – Venus (Busteed) / Venus, Jupiter, Saturn (Goldsmith)
−140° bis −130°	**Mondphase 17:** Der Zauberer	Waage 2 – Venus, Uranus (Busteed) / Venus, Mond, Pluto (Goldsmith)
−130° bis −120°	**Mondphase 18:** Der Engel	Waage 3 – Venus, Merkur (Busteed) / Venus, Sonne (Goldsmith)
−120° bis −110°	**Mondphase 19:** Die Schlangenkraft	Skorpion 1 – Pluto (Busteed) / Pluto (Goldsmith)
−110° bis −100°	**Mondphase 20:** Leidenschaft und Vergebung	Skorpion 2 – Pluto, Neptun (Busteed) / Mars, Venus, Neptun (Goldsmith)
−100° bis −90°	**Mondphase 21:** Umbruch und Erneuerung	Skorpion 3 – Pluto, Mond (Busteed) / Mond, Mars, Uranus (Goldsmith)
−90° bis −60°	**Mondphase 22:** Der Karneval des Lebens	Schütze – Jupiter, Mars, Sonne (Busteed) / Jupiter (Goldsmith)
−60° bis −50°	**Mondphase 23:** Selbstdisziplin und Realitätssinn	Steinbock 1 – Saturn (Busteed) / Saturn (Goldsmith)
−50° bis −40°	**Mondphase 24:** Die Welt als magischer Ausdruck innerer Bilder	Steinbock 2 – Saturn, Venus (Busteed) / Venus, Chiron, Uranus, Sonne (Goldsmith)
−40° bis −30°	**Mondphase 25:** Der/Die grosse Lehrer/in	Steinbock 3 – Saturn, Merkur (Busteed) / Saturn, Pluto, Merkur (Goldsmith)
−30° bis −20°	**Mondphase 26:** Der/Die Einzelgänger/in und Freak	Wassermann 1 – Uranus (Busteed) / Uranus, Chiron, Merkur (Goldsmith)
−20° bis −10°	**Mondphase 27:** Der/Die Heilige	Wassermann 2 – Uranus, Merkur (Busteed) / Venus, Neptun, Merkur (Goldsmith)
−10° bis 0°	**Mondphase 28:** Der/Die Prophet/in	Wassermann 3 – Uranus, Venus (Busteed) / Pluto, Saturn (Goldsmith)

im ersten Teil ihres Lebens im Hinblick auf ihre Vorhaben und Ziele recht unsicher wirken, rechtfertigt die Beschreibung dieser Mondphase als Periode, während welcher es darum geht, sich aus dem Gefühl des Eingebettetseins in ein grösseres Ganzes zu einer individuellen, eigenen Persönlichkeit zu entwickeln. So führt das Resultat dieser Einteilung, wie bereits dargelegt, dazu, dass erst in einem Abstand von 30 bis 60 Grad zwischen Sonne und Mond Widderqualitäten in der Art, wie wir sie kennen, als Hauptmerkmal zum Zuge kommen.

Dies deckt sich im Übrigen mit der in früheren Epochen üblichen Charakterisierung des Neumondes (mit entsprechend ausgebildeter Widder-Qualität) als jenem Zeitpunkt, zu welchem 2–3 Tage nach dem astronomischen Neumond am Westhorizont, kurz nach Sonnenuntergang, erstmals die feine Sichel des Neumondes sichtbar wird. Dies entspricht aber bereits dem Zeitpunkt von Mondphase 2, die vom Widder-Zeichen geprägt wird.

Beispiel: Der Beginn der islamischen Zeitrechnung ist auf den «Neumond» der Sonnenfinsternis vom Juli 622 für Medina, dem Auswanderungsort des aus Mekka stammenden Propheten Mohammed festgelegt. Dabei handelt es sich allerdings nicht um den astronomischen Neu-

Fig. 31

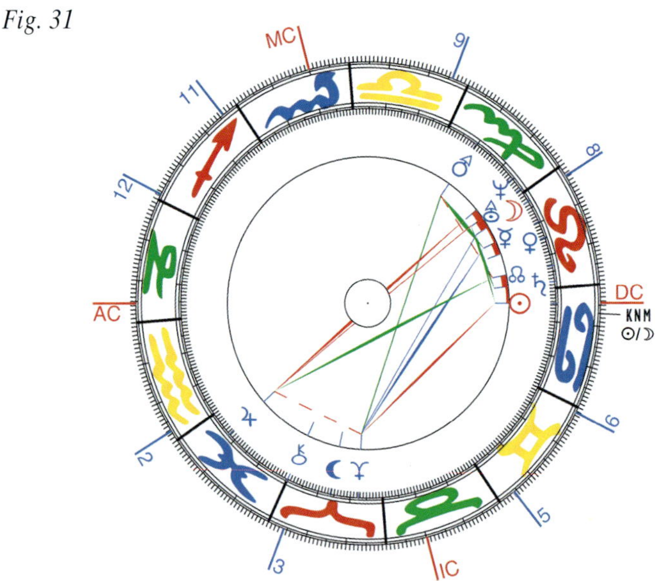

Islam (Hedschra) 16.7.622 jul. 18:44 GMT (–2:38) — AD–Koch
Medina 39E36 24N28 — Radix

☉ 25♋25′45″	♀ 15♌17′42″	♄ 1♌59′41″	♇ 22♈25′ 2″	⚷
☽ 27♌ 4′34″	♂ 20♍20′49″	♅ 1♍17′28″	☊ 6♌43′18″ R	AC 25♑31′ 5″
☿ 20♌16′ 1″	♃ 7♓34′22″ R	♆ 5♍15′32″	⚸ 13♈41′53″	MC 10♏ 7′46″

mond, d. h. die tatsächliche Konjunktion zwischen Sonne und Mond, der im Julianischen Kalender am Morgen des 14. Juli stattfand, sondern um den Sonnenuntergang des 16. Juli, als zwei Tage später am Westhorizont erstmals die Mondsichel sichtbar wurde. So haben wir es beim Horoskop des Islams *(Fig. 31)* – mit einem Abstand von 32 Grad zwischen Sonne und Mond – im System der 28 Mondphasen mit der Mondphase 2, «Der Trickster», zu tun, die in *Tabelle 1* (s. S. 78/79) der ersten Entsprechung des Widder-Zeichens (Widder 1) gewidmet ist. Über diese herrscht in doppelter Hinsicht der Planet Mars, indem dieser nicht nur Herr des Widder-Zeichens, sondern auch des ersten Dekanats des Widder-Zeichens ist. Wie der Tabelle im Weiteren zu entnehmen ist, ordnet Goldsmith dieser Mondphase aufgrund von eigenen Beobachtungen – unabhängig vom Dekanat – eine Dominanz von Merkur und Mars zu.

Busteed und Wergin verfahren bei der planetaren Zuordnung sämtlicher 10-Grad-Mondphasen strikt nach der Regel des Zeichens und des Dekanats. So finden wir bei der Mondphase 3, die von 40 bis 50 Grad (Widder 2) reicht, eine Zuordnung zu Mars und Sonne, gemäss der Entsprechung, dass das zweite Dekanat des Widder-Zeichens als zusätzlichen Herrscher jenen des zweiten Feuer-Zeichens des Tierkreises (Sonne als Herrscherin von Löwe) hat, während das dritte Dekanat (Widder 3), entsprechend der Mondphase von 50 bis 60 Grad, zusätzlich zum Mars, vom Jupiter (Herr des Schütze-Zeichens als drittem Feuer-Zeichen) beherrscht wird. Von dieser Zuteilung hält Goldsmith selbst wenig und er geht bei der Bestimmung der Planetenentsprechungen zusätzlich zum Zeichenherrscher von eigenen Beobachtungen im Zusammenhang mit der jeweiligen Mondphase aus.

Vergleich mit Rudhyars acht Mondphasen

Nach meinem Dafürhalten handelt es sich beim System der 28 Mondphasen um eine Verfeinerung der Abschnitte des Tierkreises, die durch die Achterteilung lediglich eine grobe Unterteilung erfahren. Die im Zusammenhang mit dem Achtersystem definierten Themen für das erste, das zweite, das dritte und das vierte Viertel des Kreises und die Unterscheidung zwischen zunehmendem und abnehmendem Mond haben aber insgesamt im 28-Phasen-System die gleiche Bedeutung wie im Achtersystem. Mondphase 1 und 2 sind in Rudhyars «Neumondtypus» enthalten, dem die Beschreibung «Zwischen Traumwelt und pionierhafter Impulsiviät» gegeben wurde, während die Mondphasen 4–7 mit Rudhyars «Sichelmondtypus» Analogien aufweisen, dem in einem früheren Kapitel die Charakterisierung «Im Kampf gegen die Gespenster der Vergangenheit» gegeben wurde. Mondphase 3, die einem Abstand zwischen Sonne und Mond von 40 bis 50 Grad entspricht, zeigt hingegen für die ersten 5 Grad eine Analogie zu Rudhyars «Neumondtypus», während die Gradzahlen von 45 bis 50 Grad dem «Sichelmondtypus» zugeordnet werden müssen. Zum Teil werden damit einige der Doppelzuteilungen, die im letzten Kapitel im Grenzbereich zwischen zwei Mondphasen nötig wurden, obsolet, während Gradzahlen, die in eine Phase kurz vor der Konjunktion oder der Opposition fallen, die Frage einer Doppelzuordnung erneut aufwerfen. Auf dieses Thema soll nach der Besprechung der 28 Mondphasen in einem späteren Kapitel kurz eingegangen werden.

In der Phase oder gegen die Phase laufend

Wenn wir in eine bestimmte Mondphase des Systems von 28 Mondphasen geboren wurden, haben wir die Möglichkeit, uns gemäss dieser Phase zu verhalten oder ein gegenteiliges Verhalten zu zeigen. Wie im Falle des Umgangs mit anderen astrologischen Stellungen, entscheidet dies über Zufriedenheit und Glück oder der Frustration, die dadurch entsteht, dass wir den Eindruck haben, im Leben schlecht wegzukommen. Man kann dies mit der Mondknotenachse vergleichen. Besteht jemand auch noch im Erwachsenenalter darauf, vor allem die Qualitäten des absteigenden Mondknotens zu leben, und kann die Person mit jenen des aufsteigenden Mondknotens wenig anfangen, stellt sich sehr bald einmal ein Gefühl von Unzufriedenheit ein. Das Leben entfaltet sich nicht, wie man es sich wünscht. Andere scheinen schneller voranzukommen, während wir uns immer wieder mit den gleichen Problemen herumschlagen. Ähnlich kann es einem gehen, wenn wir die Aufforderungen, die Saturn für uns bereithält, in den Wind schlagen und wir auch im reifen Alter nach Möglichkeit sämtliche Situationen meiden, die die als Kind mit Saturn erlebten Unzulänglichkeitsgefühle reaktivieren könnten. Auch in diesem Falle kommen wir nicht vom Fleck.

In der Definition des Umgangs mit den Mondphasen beschreibt William Butler Yeats in seinem Buch A VISION deshalb ausführlich, wie unterschiedlich die Entwicklung ausfällt, je nachdem, ob jemand die Chancen und Möglichkeiten, aber auch Herausforderungen, die mit jeder Mondphase verbunden sind, annimmt oder verwirft. Im Falle der Ablehnung der entsprechenden Wachstums- und Entfaltungsmöglichkeiten stellt sich bald einmal ein Groll wegen verpasster Chancen ein. Gleichzeitig kommt es zu einem meist negativ gefärbten Weltbild, im Rahmen welchem die anderen dafür schuldig gemacht werden, dass wir in unserem Leben nicht weiterkommen. So wird im englischen Text zwischen «in-phase» und «out-of-phase» unterschieden, was sich auf Deutsch folgendermassen charakterisieren lässt: Die Bereitschaft, die Chancen und Möglichkeiten der betreffenden Mondphase anzunehmen, entspricht dem Verhalten «in der Phase», während sich die Verweigerung dieses Schrittes als «gegenphasiges» oder «phasenverschobenes» Verhalten beschreiben lässt. Zu einem gegenphasigen Verhalten können verschiedene Konstellationen des Geburtshoroskops beitragen und die Lebensumstände der Kindheit mögen dabei eine entscheidende Rolle spielen. Letztlich kommt die Entscheidung darüber aber auch durch Faktoren zustande, die sich nicht restlos aus dem Horoskop ablesen lassen, sondern viel damit zu tun haben, an welchem Punkt sich die Seele in ihrer karmischen Entwicklung befindet. Man sollte sich aber auch darüber im Klaren sein, dass ein gegenphasiges Verhalten nach einem Erkenntnisprozess, der durch eine ganze Reihe von Lebenserfahrungen ausgelöst wurde, an einem bestimmten Punkt der eigenen Entwicklung in ein phasenkonformes Verhalten übergehen kann, was aber meist mit einer grossen Willensanstrengung verbunden ist. Es mag nämlich darum gehen, den Weg des geringsten Widerstandes durch eine selbstgesteuerte Lebensführung zu ersetzen. In gewissen Fällen kann auch das Umgekehrte passieren: Nach einer langen Phase des Wohlergehens schleicht sich eine Trägheit ein, die dazu führt, dass – gewöhnlich nach einigen Enttäuschungen, mit deren Ursache wir uns nicht auseinandersetzen wollen – gegenphasiges Verhalten überhandnimmt, womit die bisher positiv verlaufene Persönlichkeitsentwicklung einen Dämpfer erleidet.

Häufig braucht es auch Mut, um, unabhängig von den Aussenumständen, mit dem eigenen Verhalten in der Phase zu bleiben. Schwierig wird dies insbesondere, wenn wir uns in eine Lebenssituation hineinmanövriert haben, in welcher die Verlustangst es uns schwierig macht, bestimmte Entscheidungen zu fällen, mit denen wir uns unsere Wahlfreiheit erhalten würden. Wir mögen derart in Konventionen und gesellschaftlichem Status aufgehen, dass wir alles vermeiden, was diesen infrage stellen könnte. Statt in der Phase zu bleiben, lenken wir uns dann lieber ab, indem wir an oberflächlichen und vielleicht auch dekadenten Gesellschaftsritualen teilnehmen, die der Aufrechterhaltung unseres festgefahrenen Alltags dienen. Dabei verhält es sich ähnlich wie mit schlechten Gewohnheiten, von denen wir uns gerne befreien würden: Das erforderliche Mass an Disziplin und Bescheidenheit scheinen wir ohne äusseren Zwang nicht mehr bereit aufzubringen. Dabei kann der Preis, den wir für die Aufrechterhaltung unseres Verhaltens zahlen müssen, sein, dass wir es zwanghaft vermeiden, uns die Frage zu stellen, wie ein sinnerfülltes Leben aussehen würde und wir uns stattdessen noch gieriger als zuvor auf die verführerischen Belohnungen stürzen, die die Gesellschaft für konformes Verhalten bereithält.

Mondphase 1: Im Seerosenteich

Diese Mondphase reicht von der Konjunktion zwischen Sonne und Mond bis zum Abstand von 30 Grad und beschreibt damit jene Zeit, während welcher der zunächst unsichtbare Mond bis zum Ende der Phase sichtbar wird, was etwa nach 2–3 Tagen der Fall ist. Da sich diese Mondphase zum grossen Teil mit der ersten Phase des achtteiligen Mandalas des Sonne/Mond-Zyklus nach Dane Rudhyar überlappt, fallen für Menschen, die in den ersten 30 Grad des Sonne/Mond-Zyklus geboren wurden, viele Beschreibungen ähnlich aus. In dieser Zeit weitet sich das eigene individuelle Bewusstsein aus, ähnlich wie es dem Kleinkind geht, das die Welt, die es umgibt, mit grossen, staunenden Augen betrachtet. Beim Individuum kommen subjektive Fantasien auf, wie es sich auf der Spielwiese, die sich ihm präsentiert, entfalten kann.

Im Kontakt mit der äusseren Welt kommt es aber auch sehr bald zu Erfahrungen, die zu einer Anpassung an die äussere Realität führen, jedoch schmerzlich sind, weil sie die eigene innere Welt infrage stellen. Dies fällt umso schwerer, als Sonne und Mond im knappen Abstand zueinander eine subjektive Sichtweise der Dinge erzeugen und in dieser Phase Abstraktionsfähigkeit und Distanz fehlen, um Erfahrungen, die den eigenen Wünschen entgegenlaufen, zu verarbeiten und zu integrieren.

Die grosse Kraft dieser Mondphase liegt in ihrer Unschuld und Frische. So ist Subjektivität als Qualität der unverbrauchten Zuversicht, die das scheinbar Unmögliche möglich macht, eine der potenziellen Entsprechungen dieser Phase. Eingetaucht in die eigene Art, Dinge zu sehen und zu erleben, können Menschen, die in sich ruhen, das, was sie brauchen, wie magisch anziehen und dies bezieht sich auch auf Hilfe und Unterstützung, wenn diese erforderlich wird, ebenso wie auf glückliche Fügungen, die einem zuteilwerden.

Die grosse Kraft dieser Stellung liegt in der Frische der Sichtweise, die von der Person ausgeht und den Start von neuen Projekten begünstigt.

Gegenphasiges Verhalten

Die Unschuld dieser Phase kann aber auch verwundbar machen, denn das Ich ist noch nicht stabil ausgeformt. So können Schutzmechanismen undifferenziert zum Zuge kommen und auf ein schematisches Verhalten

Im Seerosenteich

Claude Monet: «Seerosen», 1916 (Nationalmuseum für westliche Kunst, JP-Tokio / Google Arts & Culture, public domain, Wikimedia)

ausmünden, falls die Person verunsichert ist. Um die eigene Sicht der Dinge aufrechtzuerhalten, zeigt man sich von einer sturen Seite oder entwickelt eine Neigung, sich zu entziehen, was zuverlässige Kontakte erschwert. Auch kann gemäss dem Gegenzeichen Jungfrau versucht werden, Bestimmtheit zu markieren, indem um unwichtige kleine Vorteile gestritten und gekämpft wird. Dies schafft Irritationen und läuft der Natürlichkeit dieser Mondphase zuwider.

Beispiele

Wir finden in dieser Phase viele Pioniere, die etwas Neues in Gang gesetzt haben (in Klammern sind jeweils die Stellungen von Sonne und Mond im Zeichen aufgeführt – falls gleich, nur einmal).

Politiker und Königshäuser

Ho Chi Minh, vietnam. Revolutionsführer (Stier)
Königin Victoria, brit. Monarchin (Zwillinge)
Prinz William, brit. Thronanwärter (Krebs)
Dwight Eisenhower, US-Präsident (Waage/Skorpion)
Woodrow Wilson, US-Präsident (Steinbock/Wassermann)
Ludwig Erhard, dt. Bundeskanzler (Wassermann/Fische)

Schriftsteller, Philosophen und Kirchenfürsten

René Descartes, frz. Philosoph (Widder/Stier)
Johannes Paul II., Papst (Stier/Zwillinge)
George Orwell, engl. Schriftsteller, «1984», ANIMAL FARM (Krebs)
Antoine de Saint-Exupéry, frz. Schriftsteller (Krebs/Löwe)
Truman Capote, amerik. Schriftsteller (Waage/Skorpion)
Bhagwan Shree Rajneesh, Philosoph und geistiger Lehrer (Schütze/Steinbock)

Journalisten und Karikaturisten

Arianna Huffington, US-Journalistin und Unternehmerin (Krebs)
Honoré Daumier, frz. Karikaturist (Fische)

Psychologen, Helfer und Altruisten

Abraham Maslow, US-Psychologe, «Bedürfnispyramide» (Widder)
Sigmund Freud, österr. Psychologe (Stier)
Rollo May, US-Psychologe (Stier)
Florence Nightingale, brit. Krankenschwester (Stier)

Schauspieler/innen, Sänger/innen und Models

Céline Dion, kan. Sängerin (Widder)
Brooke Shields, US-Schauspielerin (Zwillinge)
Heidi Klum, dt.-US-amerik. Model (Zwillinge)
Madonna (*Fig. 1,* Bespr. auf S. 18)
Robert Redford, US-Schauspieler und Regisseur (Löwe/Jungfrau)
Sean Connery, schott. Schauspieler (Jungfrau)
Kate Winslet, brit. Schauspielerin und Sängerin (Waage)
Romy Schneider, dt.-frz. Schauspielerin (Waage)

Katy Perry, US-Sängerin und Schauspielerin (Skorpion)
Brad Pitt, US-Schauspieler und Produzent (Schütze/Steinbock)

Mondphase 2: Der Trickster

Diese Mondphase beschreibt den Mond im Abstand von 30 bis 40 Grad von der Sonne. Nach der Phase 1, welche ein buntes Durcheinander von kreativen Energien verkörpert, die nach Ausdruck ringen, symbolisiert diese Phase – mit ihrer Entsprechung zum ersten Dekanat des Widder-Zeichens – das Erwachen des Egos in der Welt. Damit wird eine Spaltung zwischen dem Eigenen und dem Fremden spürbar, wobei das Ich an der Schnittstelle der beiden Bereiche steht. Es wird sich aber auch seiner Möglichkeiten bewusst, die Ereignisse in seinem Sinne zu steuern. Die Analogie zur Kindheitsentwicklung ist die Phase zwischen 0 und 2 Jahren. In dieser Zeit entwickelt sich der Intellekt und das Kind wird sich seiner Macht über die Umwelt bewusst, sodass erste Allmachtsfantasien

Der Trickster

Der Gott Loki als Trickster (isl. Edda-Handschrift, 18. Jh. / Jakob Sigurðsson, SÁM 66, public domain, Wikimedia)

aufkommen. Hinzu kommt die Sprache und es werden erste Schlüsse über die Welt und über sich in der Welt gezogen. Da die Informationslage jedoch beschränkt ist, kommt es zu vielen fehlerhaften Kombinationen.

Der mangelnde Überblick wird jedoch durch die Frische wettgemacht, die von der Person ausgeht. Sie hat etwas vom Zauberlehrling, der aus Neugierde, bei gleichzeitiger Unwissenheit, viele Dinge tut, über deren Konsequenzen er sich nachträglich wundert. Durch die experimentierfreudige Vorgehensweise und die unorthodoxe Sicht der Dinge ergeben sich auch besondere Möglichkeiten, Probleme anzugehen und zu lösen. Gleichzeitig wird die Kritikfähigkeit ausgebaut, sodass das Weltbild, das Eltern und Autoritätspersonen vertreten, hinterfragt wird. Von schuldhaftem oder unverantwortlichem Handeln kann bei dieser frühen Entwicklungsphase nicht gesprochen werden. Das Verhalten im Rahmen dieser Mondphase wird von Yeats als *«weder unmoralisch, noch gewalttätig, sondern unschuldig»* bezeichnet. Umso grösser ist die Präsenz der Person, die fähig ist, in jeder Situation ihren Platz zu beanspruchen, ohne zu fragen, ob sie dazugehört oder aufgenommen wird. Eine instinkthafte Spontaneität steuert das Verhalten und die gezeigte Präsenz nährt sich aus einer urtümlichen Lebensenergie. Die Kraft liegt in der Tat, während für komplexe intellektuelle Auseinandersetzungen das Interesse fehlt. Dafür wird auch banalen Dingen eine Intensität und Farbigkeit eingeflösst, die die Mitmenschen beeindruckt und bei diesen einiges auslöst.

Gegenphasiges Verhalten

Da die Stärke dieser widderbetonten Mondphase darin liegt zu handeln und die eigenen Möglichkeiten zu erproben, ohne viel nachzudenken, gibt es für diesen Typus verschiedene Möglichkeiten, die Einstimmung mit der Mondphase zu verpassen. Werden beispielsweise, zwecks grösserer Wirkung, Meinungen und Glaubenssätze von anderen übernommen, ohne diese zu integrieren und zu verdauen, kommt Stress auf, wenn für das eigene Verhalten rationale Argumente angeführt werden sollten. Daraus können eigentliche Wutanfälle resultieren, denn dieser Typus handelt instinktiv und hat Mühe, das eigene Tun gemäss objektiven Kriterien zu erklären. Im Extremfall verhält sich die Person wie ein Kind, das sich das holt, was es begehrt, ohne auf die Bedürfnisse der anderen Rücksicht zu nehmen.

Beispiele

Für die urtümliche und instinkthafte Energie, die von Menschen dieser Phase ausgeht, lassen sich die folgenden Beispiele aufführen:

Schriftsteller, Forscher, Psychologen und Philosophen

Pierre Teilhard de Chardin, frz. Jesuit und Philosoph (Stier/Zwillinge)
Orwell Wright, US-Flugpionier (Löwe/Waage)
D. H. Lawrence, brit. Schriftsteller (Jungfrau/Waage)
Georges Gurdjieff, griech.-armenischer Esoteriker (Steinbock)
B. F. Skinner, US-Verhaltenspsychologe (Fische/Stier)

Politiker und Unternehmer

Jimmy Carter, US-Präsident (Waage/Skorpion)
Richard Nixon, US-Präsident (Steinbock/Wassermann)
Steve Jobs, US-IT-Unternehmer (Fische/Widder)

Künstler, Musiker, Schauspieler und Regisseure

Diana Ross, US-Sängerin (Widder/Stier)
Elton John, brit. Sänger (Widder/Stier)
Quentin Tarantino, US-Regisseur (Widder/Stier)
Pablo Picasso, span. Maler (Skorpion/Schütze)

Mondphase 3: Eintritt in neue Welt

Diese Mondphase beschreibt den Mond im Abstand von 40 bis 50 Grad von der Sonne, was im Durchschnitt einem Halbquadrat entspricht. Es ist eine widderhafte Energie am Werk und die Planeten, die diese Mondphase charakterisieren, sind Mars und Sonne. Im positiven Fall bringt sich das Individuum dementsprechend aktiv und voller Selbstvertrauen in die Welt ein und begegnet dem Leben mit Offenheit und Enthusiasmus. Das Erklären steht nicht im Vordergrund, denn was zählt, ist die persönliche Erfahrung. Je fokussierter man dabei ist, umso grösser ist die Wirkung auf die Welt. Optimal ist die Entwicklung, wenn der Natur ihr Lauf gelassen wird und die eigenen Stärken möglichst spontan und unmittelbar zur Entfaltung gebracht werden. So fahren wir in dieser Mondphase am besten, wenn wir uns bei unseren Schritten in die Welt von unseren Motivationen und Interessen leiten und uns nicht ablenken lassen, indem wir uns mit anderen vergleichen oder versuchen, unser Verhalten zu rechtfertigen. Durch eine lebensfrohe und zuversichtliche Haltung schaffen wir den hier geforderten «Eintritt in eine neue Welt».

Ill. aus Jonathan Swift, «Gullivers Reisen», Ausgabe Leipzig, 1910, public domain, Wikimedia

Eintritt in neue Welt

Wer während dieser Mondphase geboren wurde, profitiert von einem guten Bezug zu Feuerqualitäten, wie sie durch Sonne und Mars verkörpert werden. Ähnlich wie das Kind, das zwischen 2 und 4 Jahren mit grosser Neugierde und Faszination die Welt erkundet, erfahren wir in dieser Mondphase durch Aufbruch und Mobilität, welche interessanten Stationen der Entwicklung auf uns warten, indem wir darauf vertrauen, dass die Entfaltung im Einklang mit unserer eigenen Natur vor sich geht.

Gegenphasiges Verhalten

Weniger günstig ist es hingegen, sich an die rationalen Vorgaben der Umwelt anzupassen, in der Meinung, es sei wichtig, das eigene Verhalten zu analysieren, um es zu bewerten und anderen erklären zu können. Wenn wir dies tun, verlieren wir die Freude und Natürlichkeit des fokussierten, zuversichtlichen Anpackens neuer Herausforderungen. Wir verirren uns in Abstraktionen und laufen Gefahr, uns von den intellektuellen Spielereien anderer einnehmen zu lassen, statt das Abenteuer der eigenen kreativen Entfaltung in einem Akt wachen Bewusstseins zu leben.

Beispiele

Inspirationen für die pionierhafte Energie, die diese Phase verkörpert, vermitteln die folgenden Persönlichkeiten:

Politiker

Helmut Kohl, dt. Bundeskanzler (Widder/Zwillinge)
Xi Jinping, chin. Staatschef (Zwillinge/Löwe)
Juan Carlos, span. König (Steinbock/Wassermann)

Forscher und Entwickler

Ferdinand Porsche, österr.-tschech.-dt. Automobilkonstrukteur (Jungfrau/Waage)
Galileo Galilei, ital. Astronom und Universalgelehrter (Fische/Widder)
Rudolf Diesel, dt. Erfinder des Dieselmotors (Fische/Stier)

Maler, Musiker, Schauspieler und Regisseure

Norah Jones, US-Sängerin, Schauspielerin (Widder/Stier)
Paul McCartney, Musiker und Songwriter (Zwillinge/Löwe)
Pedro Almodóvar, span. Filmregisseur und Produzent (Waage/Skorpion)
Elvis Presley, US-amerik. Sänger, Musiker und Schauspieler (Steinbock/Fische; *Fig. 13,* Bespr. auf S. 45)
Paul Cézanne, frz. Maler (Steinbock/Fische; *Fig. 15,* Bespr. auf S. 47)
Rihanna, barbadische Popsängerin und Schauspielerin (Wassermann/Fische)
Roger Vadim, frz. Regisseur und Schauspieler (Wassermann/Fische)
Auguste Renoir, frz. impress. Maler (Fische/Widder; *Fig. 14,* Bespr. auf S. 46)

Diverse

Edgar Cayce, US-amerik. Medium, «schlafender Prophet» (Stier/Zwillinge)

Mondphase 4: Aus dem reichen Fundus alten Wissens schöpfen

«Er ist voll praktischer Weisheit, einer Weisheit die auf Sprichwörtern und konkreten Beispielen baut. Er kann nichts jenseits seiner Sinne sehen, seine Sinne erfahren jedoch im Zuge seiner Bedürfnisse und jener deren, die ihm vertrauen, Erweiterung und Kontraktion. Es ist, wie wenn er plötzlich aus dem Schlaf auftauchen und dabei mehr sehen und mehr erinnern würde als die anderen. Er verfügt über ‹die Weisheit des Instinkts›». [11]

Mondphase 4 beschreibt eine Mond-Stellung im Abstand von 50 bis 60 Grad von der Sonne entfernt. Diese Entsprechung gilt dem dritten Dekanat des Widder-Zeichens, in welchem neben dem Mars der Jupiter herrscht, und das Thema lautet: Mit Zuversicht auf andere zugehen, in der Absicht, intuitives Wissen mit diesen zu teilen und gemeinsam etwas zu unternehmen. Gemäss dem Jupiter-Prinzip steht die Fähigkeit des Sehens im Vordergrund, auch in der Weise, dass die Möglichkeit besteht, in andere «hineinzusehen» und damit direkt auf den Kern der Sache zuzusteuern, ohne sich an der Analyse von Details aufzuhalten. Wissen und Handeln gehen dabei eine fruchtbare Synthese ein, deren Kraft und Unmittelbarkeit durch ein Zuviel an Differenzierung und Objektivierung Schaden nehmen würden.

In dieser Mondphase ist es wichtig, sich nach dem Sinn auszurichten und sich nicht durch übermässige Intellektualisierung von der lebendigen Quelle des intuitiven Wissens und der Weisheit ablenken zu lassen. Man kann aber auch dadurch aus dem Lot geraten, dass man das, was Freude macht, nämlich andere zu unterstützen und helfend tätig zu sein, so weit treibt, dass man sich damit verzettelt und verliert. Solchen Tendenzen wird Einhalt geboten, indem die eigenen Grenzen erkannt und eingehalten werden.

Folgen wir unserem Herzen, haben wir in dieser Mondphase eine Kraft zur Verfügung, die uns mit anderen verbindet, und es uns ermöglicht, innerhalb der Familie, der Sippe oder der Gesellschaft mit Erfolg Pläne umzusetzen, die eine sinnstiftende Wirkung entfalten.

Gegenphasiges Verhalten

Hürden sind bei dieser Mondphase jegliche übermässige Intellektualisierung, die vom intuitiven Wissen abschnürt. Yeats zu den negativen Entsprechungen, die zu beobachten sind, wenn diese Mondphase «Out-of-Phase» («gegenphasig») gelebt wird:

«Er schnürt sich vom Instinkt ab und versucht, alle möglichen abstrakten und konventionellen Ideen umzusetzen, welche jedoch, da sie ausserhalb seines Erfahrungsbereichs liegen, lediglich Vorgaukelungen sind.» [12]

Beispiele

Die folgenden Beispiele illustrieren den Lebensweg von Persönlichkeiten unterschiedlicher Couleur und Berufsausrichtung, die sich dadurch auszeichnen, dass sie in ihrer Begeisterung andere mitzureissen verstanden und auf traditionelle oder unkonventionelle Art Neues in die Welt setzten. Für die einen ging oder geht es darum, sich für die Rechte von Minderheiten einzusetzen, für andere im Bereich des Wissens und der Produktivität menschlichen Geistes neue Perspektiven zu eröffnen oder neue Methoden für das Bildungswesen vorzuschlagen.

Ausserordentliche Frauenkarrieren

Emmeline Pankhurst, brit. Frauenrechtlerin (Krebs/Jungfrau)
Helena Blavatsky, russ. Okkultistin, DIE GEHEIMLEHRE (Löwe/Waage)
Meghan Markle, US-Schauspielerin und Herzogin (Löwe/Waage)
Maria Montessori, ital. Reformpädagogin (Jungfrau/Skorpion)

Geistliche, Philosophen, Ethnologen und Geheimdienstler

Dalai Lama, buddhistisches Oberhaupt der Tibeter (Krebs/Jungfrau)
Claude Lévi-Strauss, frz. Ethnologe (Schütze/Steinbock)
Martin Luther King, US-Pastor und Bürgerrechtler (Steinbock/Fische)
Edgar Hoover, langjähriger FBI-Chef (Steinbock/Fische)

Politiker, Sportler, Forscher

Wernher von Braun, Deutscher und US-Raketeningenieur (Widder/Stier)
Fidel Castro, kuban. Revolutionär und Staatsoberhaupt (Löwe/Waage)
Franz Beckenbauer, dt. Fussballer und Fussballtrainer (Jungfrau/Skorpion)
Neville Chamberlain, brit. Aussenminister, «Appeasement» (Fische/Stier)

Künstler, Musiker, Dichter

Marcel Marceau, frz. Pantomime (Widder/Stier)
Joan Miró, katal. Maler (Stier/Zwillinge)
H. P. Lovecraft, US-Schriftsteller fantastischer Horrorgeschichten (Löwe/Waage)

Jean-Louis Barrault, frz. Schauspieler und Pantomime (Jungfrau/Skorpion)

Mondphase 5: Der/Die Romantiker/in

Diese Mondphase entspricht einem Abstand des Mondes von der Sonne von 60 bis 70 Grad. Bei dieser Konstellation, zu welcher das Sextil zwischen Sonne und Mond gehört, geht es darum, der Welt gegenüber offen und empfänglich zu bleiben, um verwandelnde Erfahrungen zu machen. Dabei steht das Instinkthafte nicht mehr im Vordergrund. Eine Analogie besteht vielmehr zum Stier-Zeichen und zur Venus, indem es darum geht, zu wählen und zu entscheiden, welche Erfahrungen wir machen und welche wir ausklammern. Es bewährt sich dabei, sich auf das eigene Gefühl zu verlassen und bewusst auf das zuzusteuern, was sich vielversprechend und entwicklungsträchtig anfühlt, während widerwärtige Erfahrungen vermieden werden. Um dies tun zu können, kann es wichtig sein, nicht nur die bejahende, sondern auch die rebellische Rolle einnehmen zu können, um erforderlichenfalls in der Lage zu sein, Nein zu sagen.

Der Wunsch, anderen zu gefallen, kann nämlich sehr gross sein und zu einer Abhängigkeit von den Rückmeldungen der Menschen führen, denen wir uns zuwenden und die wir zu erreichen trachten. Indem wir mit unseren Vorhaben bei anderen ankommen, vergewissern wir uns, auf dem richtigen Weg zu sein, denn wir fühlen uns durch die Bestätigung der anderen darin bestärkt, dass diese unsere Werte und unseren Geschmack teilen. Umso wichtiger ist es, dass wir gut ausgesucht haben, in welcher Gesellschaft wir uns bewegen.

Gegenphasiges Verhalten

Negativ verläuft die Entwicklung, wenn wir uns vom Leben abschirmen und unsere Einsamkeit durch ein zur Schau gestelltes Gefühl von Überlegenheit kompensieren. Dies kann mit einer tiefen Angst vor der Natur einhergehen, insbesondere vor der Kraft der eigenen Instinkte, die abgelehnt werden, weil sie uns überwältigen könnten. Da an diesem Punkt der Entfaltung der Mondphasen aber noch keine wirkliche Individualität aufgebaut wurde, verhindern wir durch ein solches Verhalten jede Entwicklung. Die Umkehr findet dann statt, wenn wir realisieren, dass unsere Wurzeln tief in den Boden reichen und wir uns von unseren Entfaltungsmöglichkeiten abschnüren, wenn wir unsere Verbindung zur nährenden Urquelle kappen.

Die Romantikerin

Beispiele

Der Venus-Thematik dieser Mondphase entsprechend, finden wir manche Künstler, Sängerinnen, Maler, Dichter und Schauspieler/innen mit solchen Konstellationen. Das hier vorhandene Bedürfnis nach einem starken Widerhall beim Publikum kann auch zu einer sportlichen oder politischen Laufbahn führen.

Künstler, Sänger/innen, Maler, Dichter und Schauspieler/innen

Ralph Waldo Emerson, US-Dichter (Zwillinge/Löwe)
Beyoncé, US-Sängerin (Jungfrau/Skorpion)
Pierre Bonnard, frz. Maler (Waage/Schütze)
Britney Spears, US-Sängerin (Schütze/Wassermann)
Martin Buber, österr.-israel. Religionsphilosoph (Wassermann/Widder)

Anna Magnani, ital. Schauspielerin (Fische/Stier)
André Breton, frz. Surrealist (Fische/Stier)

Politiker-, Sportler-, Unternehmer/Innen

Venus Williams, US-Tennisspielerin (Zwillinge/Löwe)
Elon Musk, Unternehmer und Investor (Krebs/Jungfrau)
Indira Gandhi, ind. Premierministerin (Skorpion/Steinbock)

Mondphase 6: Der/Die Rebell/in

Im Abstand von 70 bis 80 Grad zwischen Sonne und Mond entfaltet sich die zweite Etappe des Stierprinzips, die häufig mit einer Rebellion gegen die als einschränkend und die eigene Entwicklung hemmenden Regulierungen der Gesellschaft verbunden ist. Das Korsett starrer Strukturen, welche die eigene Entfaltung behindern, soll über eine Rebellion gegen die Gesellschaft gesprengt werden. Venus-Themen, die mit Partnerschaft, Anklang beim anderen Geschlecht sowie Kunst- und Schönheitssinn zu tun haben, werden, ebenso wie die Suche nach Ausgleich und Gerechtigkeit, unter grossem intellektuellen Einsatz zu einem System verarbeitet, über welches man sich von einer als beklemmend erlebten Ordnung abgrenzt. Dabei spielt Psychologie eine wichtige Rolle, denn es wird erkannt, dass die Gesellschaft durch die Rollenmodelle, die sie propagiert, eine Kontrolle über die Menschen ausübt und Bilder prägt, welche von den meisten passiv übernommen werden.

Ist man unter dieser Konstellation geboren, neigt man dazu, gegen die propagierten Werte und die verbreitete Sicht der Dinge aufzubegehren. Dabei wird man zum Rebellen, der die üblichen Mechanismen menschlicher und gesellschaftlicher Interaktionen mit anderen Augen betrachtet als die Masse. Lieblingsanschauungen und Mythen der Epoche werden kritisch hinterfragt und es gefällt aufzuzeigen, dass das, was für die meisten selbstverständlich ist, mit neuen Augen betrachtet zu völlig anderen Gewichtungen führt. Indem man mit den neu erworbenen Einsichten die Gesellschaft schockiert, sichert man sich Aufmerksamkeit und profiliert sich als origineller Freigeist.

Das Kernthema dieser Mondphase lautet: «Individuation», auch wenn dabei der starke Bezug zur Gemeinschaft nie wirklich verloren geht. Volle Befriedigung mit dem eigenen Weg stellt sich vor allem dann ein, wenn die Imperative der anderen nicht als solche übernommen werden, sondern wir uns dazu durchringen, zu unserer eigenen Stimme zu finden, um über diese unsere Einzigartigkeit zum Ausdruck zu bringen. Dies geschieht nicht nur über Worte und Begriffe, sondern massgeblich auch über Bilder. Dazu ist es nützlich, die eigenen denkerischen und kommunikativen Fähigkeiten zu schulen, um uns ein Bild der Welt zu erarbeiten, durch welches wir uns von anderen abgrenzen können. Auf diese Weise finden wir die Aufmerksamkeit einer Gruppe von Gleichgesinnten und Anhängern, denen es gefällt, sich alternativen Erklärungsmodellen der Wirklichkeit anzuschliessen. So können wir durch Eigenwilligkeit glänzen und aufzeigen, dass eine alternative Betrachtungsweise der Dinge eine wirkungsvolle Abgrenzung gegen die Konventionen ermöglicht. Da Bilder den Symbolen näher sind als Worte, ermöglichen sie uns, eine grössere Vielschichtigkeit zum Ausdruck zu bringen. So kommt es auch nicht von ungefähr, dass Künstler im Zusammenhang mit von der Masse abweichender Lebensformen und Anschauungen einen grösseren Freiheitsgrad geniessen als Politiker oder leitende Figuren aus der Wirtschaft. Ein künstlerischer Ausdruck wird auch durch den Zugang zu den Archetypen des kollektiven Unbewussten erleichtert. Dies kann wiederum dazu befähigen, Dinge, die in der Luft sind und in einer bestimmten Phase der menschlichen Geschichte viele beschäftigen, auf eine Weise zu artikulieren, dass man damit eine grosse Zahl von Menschen anspricht.

Gegenphasiges Verhalten

Das Verwerfen allgemein akzeptierter gesellschaftlicher Modelle sollte allerdings nicht dazu führen, dass man sich auf ein selbst entdecktes, «neues System» versteift, und dieses mit Haut und Haaren verteidigt. In einem solchen Fall würde die kritisierte Starrheit konventioneller Meinungen lediglich durch ein neues intolerantes System ersetzt. Entscheidend ist deshalb der Umgang mit Kritik. Je mehr jemand andere dazu zwingen will, das eigene Glaubenssystem zu übernehmen, umso mehr entfernt er sich von der positiven Entsprechung dieser Mondphase. Dies ist auch eine Überforderung, denn der Wunsch nach intellektueller Differenzierung und Komplexität überfordert die Person, sodass Ideen und Formulierungen von Repräsentanten späterer Phasen ausgeborgt werden müssen. Diese eignen sich jedoch nicht für die Bewältigung der Herausforderungen dieser Mondphase.

Beispiele

Wir finden bei dieser Mondphase manche Beispiele eigenwilliger Persönlichkeiten, etwa in Form von ungewöhnlichen und pionierhaften Filmregisseuren und -schauspielern, denn der Film fordert ja geradezu auf, gekonnt mit Bildern und Symbolen zu arbeiten. Schriftsteller und Psychologen sind in dieser Mondphase ebenfalls stark vertreten.

Schauspieler, Sänger, Regisseure, Musiker

Penélope Cruz, span. Schauspielerin (Stier/Krebs)
Peter Tschaikowski, russ. Komponist (Stier/Krebs)
Ingmar Bergman, schwed. Filmregisseur (Krebs/Waage)
Alfred Hitchcock, US-Regisseur (Löwe/Skorpion)
Ben Affleck, US-Schauspieler und Regisseur (Löwe/Skorpion)
Mila Kunis, US-Schauspielerin (Löwe/Skorpion)
Woody Allen, US-Regisseur und Schauspieler (Schütze/Wassermann)
Frank Sinatra, US-Sänger und Schauspieler (Schütze/Fische)
Pier Paolo Pasolini, ital. Regisseur (Fische/Stier)

Psychologen, spirituelle Lehrer und Schriftsteller

Arthur Köstler, ungar.-brit. Schriftsteller (Jungfrau/Schütze)
Simone de Beauvoir, frz. Schriftstellerin (Steinbock/Fische)
Virginia Woolf, brit. Schriftstellerin (Wassermann/Widder)
Eckhart Tolle, spiritueller Lehrer (Wassermann/Stier)
Alfred Adler, österr. Psychologe (Wassermann/Stier)

Aussenseiter

Al Capone, US-Mafiaboss (Steinbock/Widder)

Mondphase 7: Der Ackerbauer

Diese Mondphase entspricht einem Abstand von 80 bis 90 Grad zwischen Sonne und Mond, ebenso wie den archetypischen Erfahrungen der Altersstufe von 10 bis 12 Jahren. Am Übergang zwischen Kindheit und Adoleszenz wird der Blick mutig auf die Zukunft einer betont individuellen Entfaltung gerichtet. Die Kehrseite davon kann die Angst vor den bevorstehenden Veränderungen sein, die sich zuweilen einstellt. So schwankt man häufig zwischen der Herausforderung der individuellen Selbstverwirklichung und einer regressiven Haltung, die sich nach dem Schutz und Eingebettetsein der Kindheit zurücksehnt. Dabei fordert die Entwicklung, die anstehenden Herausforderungen anzunehmen, im Wissen, dass jeder überstandene Konflikt die Persönlichkeit stärkt und dazu befähigt, nicht nur instinkthaft zu reagieren, sondern mit Charakter und unter der Führung einer solide aufgebauten, eigenen Persönlichkeit.

In dieser Mondphase realisiert man schon früh, dass die angepeilten Ziele einen langen Atem benötigen. So dreht sich vieles um eine effi-

J.-F. Millet, «Der Sämann», 1865/66 (Clark Art Institute, USA-Williamstown) / The Bridgeman Art Library, public doman, fr.wikipédia

ziente Vorgehensweise, die voraussetzt, dass wir uns auf die vorliegenden Umstände einstellen. Im Übrigen ist es hilfreich, zusammen mit anderen ans Werk zu gehen, denn gemeinsame Anstrengungen helfen, sich uns entgegenstellende Schwierigkeiten zu überwinden. Es ist aber auch harte Arbeit erforderlich, die viel Beharrlichkeit erheischt. So ähnelt die geforderte Haltung jener des Ackerbauers, der vorausplant und mit grosser Zuverlässigkeit seinen Acker bestellt. Dazu ist es hilfreich, eine Haltung des Dienstes an der Sache einzunehmen. Angesichts zu lösender Probleme empfiehlt es sich, eine Standortbestimmung vorzunehmen, der ein systematisches, rationales Angehen der Aufgaben und ein besonnener Einsatz der vorhandenen Ressourcen folgt. Dieses unaufgeregte und ruhige Vorgehen liefert die besten Resultate. Dabei gilt die Devise: «Steter Tropfen höhlt den Stein.»

Gegenphasiges Verhalten

Überwiegt die Angst, kommt es wegen Konfliktscheu zu verpassten Gelegenheiten, was die Entfaltung der Persönlichkeit behindert. Dann neigt man dazu, sich etwas vorzumachen, statt sich die eigenen Versäumnisse einzugestehen. Die fehlenden Charaktereigenschaften der gefestigten Persönlichkeit werden in diesem Fall durch erborgte Allüren und durch das Übernehmen fremder Persönlichkeitsanteile übertüncht. Statt sich in der Welt zu behaupten, lebt man dann in einer nach eigenen Vorstellungen gezimmerten Fantasiewelt, was einfacher erscheint als sich die eigene Feigheit einzugestehen. Dabei geht der Überblick über das eigene Leben verloren. Statt bei kollektiven Herausforderungen die Verantwortung zu übernehmen und in der Gemeinschaft zuvorderst mitanzupacken, versinkt man in der Masse und gibt den Umständen die Schuld am eigenen Versagen.

Beispiele

Unter den folgenden Beispielen gibt es eine grosse Zahl von Persönlichkeiten, die sich in ihrem Leben und durch ihre Arbeit der Überwindung kollektiver Missstände widmeten, die durch Hass entstanden. Dazu gehört der Kampf gegen die Grausamkeiten des Krieges, wie ihn die deutsche Grafikerin, Malerin und Bildhauerin Käthe Kollwitz durch ihre unverblümten Lithografien und Radierungen führte, mit denen sie aufzurütteln und die öffentliche Meinung zu beeinflussen versuchte. Ähnliches beobachten wir beim grossen amerikanischen Dichter Walt Whitman, bei dem im Kontakt mit den Verletzten des amerikanischen Bürgerkriegs ein besonderer Drang erwachte, sich von der Armee als freiwilliger Helfer einstellen zu lassen. Interessant ist auch, wie, trotz zunächst schrillen Tönen, der amerikanische Präsident Ronald Reagan letztlich massgeblich dazu beitrug, den Krieg zwischen Ost und West zu überwinden. Dabei wirkte bekanntlich eine Astrologin mit, die Reagans Ehefrau Nancy konsultierte, und wir finden einen ausgeprägten Sinn für das Transzendente auch beim Pantheismus von Walt Whitman und beim schwedischen Wissenschaftler, Schriftsteller und Erzieher Emanuel Swedenborg. Bei Malern und Schauspielern häufen sich die Beispiele kulturübergreifender Verflechtungen, so zum Beispiel bei Paul Gauguin, der sein Glück in der Südsee suchte, während der in den USA berühmt gewordene Schauspieler Anthony Quinn eine mexikanische Mutter hatte, in den Adern der US-Schauspielerin Megan Fox indianisches Blut fliesst und die in Frankreich zur Starschauspielerin avancierte Isabelle Adjani aus der Verbindung zwischen einem algerischen Vater und einer deutschen Mutter hervorging.

Maler, Dichter, Philosophen, Mystiker

Walt Whitman, US-Dichter und Pantheist (Zwillinge/Löwe)

Paul Gauguin, frz. Maler mit Wahlheimat Tahiti (Zwillinge/Jungfrau)

Käthe Kollwitz, dt. Malerin, Kriegsgegnerin (Krebs/Waage)

Emanuel Swedenborg, schwed. Universalgelehrter und Mystiker (Wassermann/Stier)

Schauspieler, Politiker und Financiers

Anthony Quinn, US-Filmschauspieler (Stier/Krebs)

Megan Fox, US-Filmschauspielerin (Stier/Löwe)

Isabelle Adjani, frz. Filmschauspielerin (Krebs/Waage; *Fig. 16,* Bespr. auf S. 49)

Warren Buffett, US-Anlegerlegende (Jungfrau/Schütze; *Fig. 17,* Bespr. auf S. 51)

Ronald Reagan, US-Filmschauspieler und Präsident (Wassermann/Stier)

Mondphase 8: Der/Die Schauspieler/in

Diese Mondphase entspricht einem Abstand des Mondes von der Sonne, der von 90 bis 120 Grad reicht. Sie beginnt mit dem Quadrat zwischen Mond und Sonne und endet mit dem Trigon zwischen den beiden Lichtern. In dieser Phase wird sich die Persönlichkeit ihrer Ausdrucksmöglichkeiten bewusst. In Berührung mit dem verklärten Bild des idealisierten eigenen Selbst wird die Frage gestellt: Was könnte alles aus mir werden? Wo liegen die Grenzen? Die Welt der Fantasie wird in die Existenz gebracht und man erlebt sich auf der Bühne, auf der es darum geht, die Aufmerksamkeit der Zuschauer auf sich zu ziehen und die eigene Präsentation so attraktiv zu gestalten, dass es gelingt, die anderen in die eigene Welt hineinzuziehen.

Damit sind der Schauspieler und die Schauspielerin gekennzeichnet, die, im Spiel mit den Kräften von Licht und Schatten, eine glaubhafte Maske herausbilden, die bei anderen ankommt. Angetrieben von einem grossen Streben und dem Bedürfnis, gut sichtbar in Erscheinung zu treten, werden die verschiedensten Persönlichkeitszüge ausprobiert und unterschiedliche Gesichter und Ausdrucksformen auf ihre Akzeptanz

Der/Die Schauspieler/in

hin getestet. In dieser Phase weiss man, dass man viel zu sagen hat, und es ist ein Bedürfnis, dass die Welt zuhört und uns ernst nimmt. So entscheidet man sich für eine Rolle, die den Ausdruck der eigenen Persönlichkeit so weit wie möglich gewährleistet und gleichzeitig beim Publikum Anklang findet.

Das Quadrat, mit dem diese Phase beginnt, steht symbolisch für die Spannung zwischen dem eigenen Anspruch, sich in der Welt zu behaupten, und den vorhandenen Möglichkeiten. Dies bedeutet letztlich, dass die Vision der eigenen Rolle in eine gesellschaftstaugliche Form gebracht werden muss. Dabei werden Charakterzüge, die dem Ausdruck des eigenen Geschlechts entsprechen, ausgebildet, während solche, die nicht zeitgemäss sind und zur gesellschaftlichen Profilierung nicht taugen, zurückgedämmt werden. Bei dieser Anpassung an eine funktionierende Rolle geht es sowohl um Mut, als auch um Flexibilität. Den Mut braucht es, um vorzupreschen und zu erkunden, was machbar ist, und die Flexibilität, um aus Niederlagen und Zurückweisungen zu lernen.

Mit dieser Stellung verfügt man über gute Möglichkeiten, sich pionierhaft in die Welt einzubringen, Neues anzureissen und Spuren zu hinterlassen. Dabei muss die Welt der Kindheit und Jugend, die mit einer gewissen Unschuld und Einfachheit assoziiert ist, zurückgelassen werden, um in der komplexen realen Welt der Erwachsenen zu bestehen. Die absichtslosen Spiele des Jugendalters gehören der Vergangenheit an und man lernt, bei den Spielen der Erwachsenen mitzubieten und eine eigene Rolle zu behaupten.

Gegenphasiges Verhalten

Wir brauchen in dieser Mondphase Mut, um die sich uns bietenden Herausforderungen anzunehmen und vor der Austragung von Konflikten nicht zurückzuweichen. Sonst findet eine Verlagerung auf Nebenschauplätze statt, die dem eigenen Drang nach Selbstverwirklichung zuwiderläuft. Damit wird aber auch die Erfahrung verpasst, dass uns mit jeder bewältigten Aufgabe neue Kräfte zufliessen. Wir lassen uns von Oberflächlichkeiten ablenken und geben vielleicht sogar vor, dass die angeblichen Aufgaben gar nicht existieren, womit das bewusste Austragen von Konflikten, inklusive des Schmerzes, den diese verursachen, vermieden wird. Stattdessen wird versucht, eine unbeteiligte coole Haltung einzunehmen, um dem Gefühl des Scheiterns aus dem Wege zu gehen. Dadurch wird aber ein Leben geführt, das am Wesentlichen vorbeigeht.

Beispiele

Die folgenden Beispiele illustrieren Persönlichkeiten, die sich durch Initiative, Tatkraft und Unternehmergeist einen Namen gemacht haben. Darunter fallen Schauspieler, Regisseure, Musiker, Unterhalter, Sportler, Entdecker, Schriftsteller, Staatsmänner und gekrönte Häupter.

Sänger, Schauspieler, Regisseure, Unterhalter, Sportler und Schriftsteller

Charles Baudelaire, frz. Dichter (Widder/Krebs)
Aretha Franklin, US-Sängerin (Widder/Krebs)
Renée Zellweger, US-Schauspielerin (Stier/Löwe)
Barbara Streisand, US-Sängerin, Schauspielerin (Stier/Löwe)
Natalie Portman, US-israel. Schauspielerin und Regisseurin (Zwillinge/Jungfrau)
Ariana Grande, US-Sängerin und Schauspielerin (Krebs/Waage)
Jennifer Lopez, US-Sängerin und Schauspielerin (Löwe/Skorpion)
Roger Federer, Schweizer Tennis-Champion (Löwe/Skorpion)
Stanley Kubrick, US-Regisseur (Löwe/Skorpion)

Ray Bradbury, US-Schriftsteller (Löwe/Schütze)

T. E. Lawrence, brit. Offizier und Schriftsteller, «Lawrence von Arabien» (Löwe/Schütze)

Richard Gere, US-Filmschauspieler (Jungfrau/Schütze)

Paulo Coelho, bras. Schriftsteller (Jungfrau/Schütze)

Gloria Estefan, kuban.-amerik. Sängerin und Schauspielerin (Jungfrau/Schütze)

Arthur Miller, US-Schriftsteller und Drehbuchautor (Waage/Steinbock)

Eminem, US-Rapper (Waage/Steinbock)

Michael Douglas, US-Schauspieler (Waage/Steinbock)

John Lennon, brit. Musiker (Waage/Wassermann)

Timothy Leary, US-Psychologe und Autor (Waage/Wassermann)

Heinrich Böll, dt. Schriftsteller (Schütze/Fische)

Sheryl Crow, US-Sängerin und Musikerin (Wassermann/Stier)

Nastassja Kinski, dt. Schauspielerin (Wassermann/Stier)

Germaine Greer, austr. Feministin (Wassermann/Stier)

Staatsmänner, gekrönte Häupter und deren Herausforderer

Elisabeth II., brit. Königin (Stier/Löwe)

John F. Kennedy, US-Präsident (Zwillinge/Jungfrau)

Julian Assange, austr. investigativer Journalist (Krebs/Skorpion)

G. W. Bush, US-Präsident (Krebs/Waage)

Königin Letizia, span. Monarchin (Jungfrau/Schütze)

Justin Trudeau, kan. Premierminister (Steinbock/Widder)

Mondphase 9: Die Zusammenkunft von Freunden

In dieser Mondphase, die mit einem Abstand des Mondes von 120 bis 130 Grad von der Sonne einhergeht und dem ersten Dekanat des Krebs-Zeichens entspricht, vermitteln die verbindende Kraft geteilter Gefühle und die Hingabe an die grossen Rhythmen des Lebens ein ausgeprägtes Vertrauen in die alles durchdringende Lebenskraft. Der Wunsch nach Liebe und Zugehörigkeit sowie nach gemeinsam erlebten Freuden ist gross. Dementsprechend wird im Bewusstsein, dass gemeinsame Bande zu einem unerschöpflichen Fundus an Gefühlen Zugang bieten, ein Zustand der Fülle erlebt, welcher mit einem tiefen Gefühl des Getragenseins und der gegenseitigen Unterstützung einhergeht. Nach aussen offen und empfänglich, geht es gleichzeitig darum, Erlebnisse und Erfahrungen mit dem eigenen Wertesystem abzugleichen. Dies ermöglicht es, den vertrauten Banden in der Sippe, im Freundeskreis und im eigenen Clan den Vorzug zu geben, indem das Nicht-Dazugehörige, wenn es den eigenen Werten zuwiderläuft, verworfen oder ignoriert wird. Dabei ist gleichzeitig eine besondere Fähigkeit vorhanden, die Probleme anderer zu erkennen und zu lösen. Auf diese Weise kann man gegenüber der eigenen Umgebung eine Rolle des Anführers oder des Heilers, respektive der Heilerin, übernehmen.

Die positive Haltung, mit der man in dieser Mondphase schon früh an das Leben herangeht, kann zu einem reichen Netz an sozialen Kontakten führen. Die grosse Verbundenheit mit Familie und Freundeskreis mag dabei auch auf eine ausgeprägte Volksverbundenheit ausmünden. Man weiss, was man zu tun hat, damit sich die Menschen in unserer Gegenwart entspannt und wohl fühlen, und dies trägt zu unserer Beliebtheit bei. Meist geht dies mit der Bereitschaft einher, sich im eigenen Umfeld für die Gemeinschaft einzusetzen und Verantwortung zu übernehmen.

Aufgrund der gezeigten positiven Einstellung flösst man Routinesituationen des Alltags neues Leben ein und bringt auf diese Weise auch festgefahrene Interaktionen wieder in Gang. Der innere Kompass hilft dabei, auf jene übergeordneten Prinzipien zu setzen, die sowohl über die täglichen Verrichtungen als auch über die grossen gesellschaftlichen Entscheidungen der Politik und Wirtschaft zum Ausdruck kommen.

Gegenphasiges Verhalten

Im negativen Fall findet in dieser Mondphase ein Verlust des eigenen Zentrums statt. Wir fühlen uns dem Leben ausgeliefert und ärgern uns über den Schmerz, den uns die Konflikte des Alltags zufügen. Voller Groll neigen wir dazu, gegen vermeintliche Gefahren zurückzuschlagen. Statt die Verantwortung für das Erlangen von Zufriedenheit und Glück zu übernehmen, erleben wir uns im ständigen Kampf mit der Welt, die es uns angeblich nicht möglich macht, Erfüllung zu finden. Dabei geht der Optimismus verloren, der sonst diese Mondphase prägt.

Beispiele

Die schwungvolle Art dieser Mondphase, mit dem Leben umzugehen, zeigen manche der folgenden Beispiele. So stehen der Hotelkönig Conrad Hilton und die Modeschöpferin Vivienne Westwood für die Verwirklichung ambitiöser wirtschaftlicher Projekte und es ist bezeichnend, dass beide sich auch politisch engagier(t)en. Als Politiker mit dieser Konstellation profilierten sich der französische General de Gaulle und der sowjetische Generalsekretär Nikita Chruschtschow. Als Forscher stechen hervor: Marie Curie und Max Planck, während wir eine ausgeprägte Sinnsuche bei der Schauspielerin Shirley McLaine, dem Schriftsteller Carlos Castaneda und dem Yogi Sri Aurobindo beobachten.

Schriftsteller, Journalisten, Künstler, Sänger, Schauspieler, Models

Gloria Steinem, US-amerik. Journalistin und Feministin (Widder/Löwe)
Maurice Vlaminck, frz. Maler (Widder/Löwe)
Michelle Pfeiffer, US-Schauspielerin (Stier/Jungfrau)
Linda Evangelista, kan. Model (Stier/Jungfrau)
Shirley McLaine, US-Schauspielerin und Esoterikerin (Stier/Jungfrau)
Lena Meyer-Landrut, dt. Sängerin (Zwillinge/Waage)
Rembrandt, niederl. Maler (Krebs/Skorpion)
Hermann Melville, amerik. Schriftsteller (Löwe/Schütze)
Théophile Gautier, franz. Schriftsteller (Jungfrau/Steinbock)
Grace Kelly, US-Schauspielerin und Prinzessin (Skorpion/Fische)
Eros Ramazotti, ital. Sänger (Skorpion/Fische)
Mark Twain, US-Schriftsteller (Steinbock/Stier)
Carlos Castaneda, US-Ethnologe und Schriftsteller (Steinbock/Stier)
Félix Valotton, schweiz.-frz. Maler (Steinbock/Stier)

Politiker, Staatsoberhäupter, Unternehmer, Sportler

Nikita Chruschtschow, sowj. Regierungschef (Widder/Löwe)
Vivienne Westwood, US-Modeschöpferin (Widder/Löwe)
Gabriela Sabatini, argent. Tennisspielerin (Stier/Jungfrau)
Moshe Dayan, israel. General und Politiker (Stier/Steinbock)
Boris Johnson, brit. Politiker (Zwillinge/Skorpion)
Kaiser Augustus, 1. Röm. Kaiser (Jungfrau/Steinbock)
Charles de Gaulle, frz. General und Staatschef (Skorpion/Widder)
Conrad Hilton, US-Hotelier und Unternehmer (Steinbock/Stier)

Forscher

Max Planck, dt. Physiker (Stier/Jungfrau)
Marie Curie, poln.-frz. Physikerin und Nobelpreisträgerin (Skorpion/Fische)
Jonas Salk, US-Arzt und Immunologe (Skorpion/Fische)

Philosophen

Bertrand Russel, brit. Philosoph (Stier/Waage)

Sri Aurobindo, ind. Philosoph (Löwe/Schütze)

Mondphase 10: Der/Die Architekt/in

Diese Mondphase entspricht einem Abstand von 130 bis 140 Grad zwischen Mond und Sonne und steht unter der Dominanz von Mond und Pluto. In dieser Phase des Zyklus grenzt sich das Individuum gegen die Masse ab. Es stösst sich daran, dass die Menschen selbstgerecht dahinleben, und es hinterfragt die Leere und Schalheit der verschiedenen Rituale gesellschaftlichen Umgangs. Der angepassten Form des menschlichen Kollektivs werden die Profilierung des eigenen Geistes und die Originalität der eigenen Lebensplanung entgegengehalten. Dabei ist es wohltuend zu erleben, wie durch geeignetes Training die individuellen Fähigkeiten, auf die Welt einzuwirken, um dem Verlauf der Dinge eine eigene Richtung zu geben, schnell zunehmen, sodass markante Veränderungen erzielt werden. Die Möglichkeit, ein besonderes Leben zu führen, welches sich vom Mainstream und der Masse abgrenzt, erscheint in Reichweite. Davon überzeugt, dass eine Erneuerung ansteht, macht es Spass, alte Strukturen zu zerstören und überholte Formen gesellschaftlichen Miteinanders durch neue Modelle zu ersetzen. Bestätigung wird einem dabei zuteil, wenn Altes, Hässliches und Unvollkommenes durch Neues, Unverbrauchtes und ästhetisch Überlegenes ersetzt wird, welches gleichzeitig zeitgemäss ist und besser funktioniert. Unter Berufung auf Ziele, die man mit Blick auf eine moderne Gesellschaft vor Augen hat, wird inkompetenten Organisationsformen der Kampf angesagt und man entwirft neue Modelle, gemäss welchen eine reibungslosere Abwicklung möglich werden sollte.

Sich bietende Herausforderungen anzunehmen und gemäss den eigenen Überzeugungen zu handeln, ist dabei in jedem Fall konstruktiver, als ein Verzicht auf Veränderungen, der dazu führen könnte, dass alte und überholte Mechanismen endlos wiederholt werden. Dies setzt aber die Bereitschaft voraus, sich selbst einer Wandlung zu unterziehen, indem verlässliche Stützpfeiler der Vergangenheit aufgegeben werden, um sich nach neuen Bezugspunkten auszurichten. Um etwas bewirken zu können, wird dabei eine Schlüsselfunktion in der Gesellschaft angestrebt, im Rahmen welcher man zu den Entscheidungsträgern zählt. All das erfordert einiges an Bildung, Disziplin und persönlichem Engagement. Dabei stellt sich vor allem dann greifbarer Erfolg ein, wenn die Ziele, die verfolgt werden, über Status, Macht und persönliche Profilierung hinausgehen und auf das Wohl des Ganzen ausgerichtet sind.

Gegenphasiges Verhalten

In Übereinstimmung mit dieser Mondphase kommt der Drang, die Gesellschaft zu verändern, von innen. Wird jedoch versucht, eine erneuernde und revolutionäre Rolle in der Gesellschaft zu spielen, indem die Aufmerksamkeit auf die äusseren Umstände gerichtet wird und die Gefühle der Masse aufgepeitscht werden, um die Empörung zu bewirtschaften, geht die Konzentration auf das Wesentliche verloren. Ohne die urtümliche emotionale Intensität, die diese Phase nährt, stellt sich Trägheit ein und die Kraft, Dinge zu verändern, rostet so stark ein, dass alte Muster und Mechanismen bis zur Erschöpfung wiederholt werden, in der Hoffnung, daraus jene Gefühlsintensität zu beziehen, die einem abhandengekommen ist. Man stürzt sich auf die äussere Welt, giesst Öl aufs Feuer und wird dabei von den äusseren Umständen abhängig.

Beispiele

Zu dieser Mondphase gibt es eine ganze Reihe von Beispielen, die sowohl Eigenwilligkeit als auch dezidierten Einsatz für neue Modelle illustrieren: Dazu gehören Persönlichkeiten, die den Anfang einer neuen Entwicklung einläuten, wie Martin Luther, der mit seinem Thesenanschlag vom 31. Oktober 1517 die christliche Kirchengeschichte umschrieb, oder Neil Armstrong, der 1969 als erster Mensch auf dem Mond die Menschheit zu neuen Perspektiven inspirierte.

Dichter, Sänger, Musiker, Künstler und Unterhalter

Paul Verlaine, frz. Dichter (Widder/Löwe)
Benny Goodman, US-Jazzmusiker (Zwillinge/Waage)
Josephine Baker, US-frz. Tänzerin (Zwillinge/Waage)
Horst Tappert, dt. Schauspieler, TV-Krimiserie (Zwillinge/Waage)
Alanis Morissette, US-kan. Sängerin (Zwillinge/Skorpion)
Cindy Lauper, US-Sängerin und Schauspielerin (Krebs/Skorpion)
Geraldine Chaplin, US-brit. Schauspielerin (Löwe/Schütze)
Anton Bruckner, österr. Komponist (Jungfrau/Steinbock)
David Copperfield, US-Zauberkünstler (Jungfrau/Wassermann)
Caravaggio, ital. Maler (Waage/Wassermann)
Annie Leibovitz, US-Fotografin (Waage/Wassermann)
José Carreras, span. Opernsänger (Schütze/Widder)
Kurt Cobain, US-Musiker (Fische/Krebs)

Politiker, Bankiers, Reformatoren und Enthüller

J. P. Morgan, US-Financier (Widder/Jungfrau)

Henry Kissinger, US-Politiker und Berater (Zwillinge/Waage)
Edward Snowden, US-Enthüller (Zwillinge/Skorpion)
Deng Xiaoping, chin. Staatschef (Löwe/Steinbock)
Martin Luther, dt. Reformator (Skorpion/Widder; *Fig. 18,* Bespr. S. 52)
Emmanuel Macron, frz. Präsident (Schütze/Stier)

Wissenschaftler, Psychologen, Pioniere

Neil Armstrong, US-Astronaut, erster Mensch auf dem Mond (Löwe/Schütze),
R. D. Laing, brit. Psychiater (Waage/Wassermann)
Linus Pauling, US-Chemiker und Nobelpreisträger (Fische/Krebs)

Sportler

Zinédine Zidane, frz. Fussballer und Fussballtrainer (Krebs/Skorpion)
Andy Roddick, US-Tennisspieler (Jungfrau/Steinbock)

Mondphase 11: Die Welt als Traum, Vision und Verführung

Diese Mondphase entspricht einem Abstand von 140 bis 150 Grad zwischen Mond und Sonne. Eine Entsprechung besteht zum dritten Dekanat des Krebs-Zeichens, welches die Planeten Mond und Neptun ins Spiel bringt. In dieser Phase des Zyklus wird die Wahrnehmung einer umfassenden Wirklichkeit zum persönlichen Thema. Im kreativen Akt geht die neptunische Vision eine Synthese mit der persönlichen Gefühlswelt des Mondes ein. Dabei erlebt man sich im positiven Fall als Gefäss und als Kanal für den Ausdruck verbindender Gefühle und erfährt die damit stattfindende Ausweitung der Wahrnehmung als ebenso beglückend wie entgrenzend. Im negativen Fall verzerrt hingegen der Widerstand, der dem Geschehen entgegengebracht wird, die Wahrnehmung, und es setzt sich die Furcht des Egos vor jenen seelischen Energien durch, die es auflösen könnten. Dabei findet das Ich seine Rettung darin, dass es sich die Bilder und Symbole, die Neptun reichlich vermittelt, aneignet, um daraus romantische Fantasien zu generieren. So können bei dieser Mondphase überpersönliche Visionen neben persönlich gefärbten Wunschvorstellungen koexistieren, ohne dass sie sich klar voneinander trennen liessen. In jeder Idealvorstellung und Sehnsucht steckt aber auch wieder ein Funke göttlicher Transzendenz.

So lohnt es sich, den romantischen Möglichkeiten, die in jeder Situation stecken, Raum zu geben, damit sie Form annehmen und sich zu wegweisenden Träumen ausbilden können. Zwischen der Kraft des Glau-

Die Welt als Traum, Vision und Verführung

Pierre Puvis de Chavannes: «Der Traum», 1883 (Walters Art Museum, Baltimore) The Yorck Project (2002), public domain, Wikimedia

bens, der, wenn er sich mit Zuversicht paart, bekanntlich Berge versetzen kann, und lebhaftem Wunschdenken, das zu Ernüchterungen führt, lässt sich allerdings aus der Perspektive des individuellen Bewusstseins keine klare Grenze ziehen. Am ehesten kann man, im Falle eines Mindestmasses an Selbstkritik, erkennen, ob egoistische oder altruistische Motive die eigenen Träume inspirieren. Statt sich abzukapseln, weist die Entwicklung in die Richtung einer Öffnung, denn dieser Weg ist für die Entfaltung der Seele zu bevorzugen, auch wenn man dabei nicht vor Enttäuschungen gefeit ist. Im Vordergrund steht bei dieser Mondphase nämlich, das Verbindende zwischen den Menschen zu erproben, damit seelische Kräfte fliessen können, und nicht eine Abgrenzung, die lediglich die Ich-Energien unterstützen würde. Dabei spielt die Liebe eine grosse Rolle. Indem man lernt, Beziehungen zu pflegen und dem idealistischen und romantischen Element ausreichend Raum lässt, lernt man, über sich selbst hinauszuwachsen. Die eigene Seelenfahrt wird damit zu einer gemeinsamen Reise, im Rahmen welcher die männlichen und weiblichen Energien fliessen und sich gegenseitig befruchten.

Je intensiver die Liebe und je kraftvoller und leidenschaftlicher das Engagement für das ist, woran man glaubt, desto besser können negative und trennende Gefühle – die meist aus früheren frustrierenden Situationen, eigenen Ängsten und solchen der Eltern herrühren – überwunden und transformiert werden. Damit kommt man dem Ziel näher, welches mit dieser Mondphase damit zu tun hat, in etwas Grösserem aufzugehen und für die Entfaltung der Seele fruchtbaren Boden zu schaffen. Dies bedeutet auch, den Träumen mehr Nahrung als den Begierden zu geben, dies in Umkehrung dessen, was sich die Menschen meist zu Herzen nehmen, wenn sie vor allem darauf achten, dass ihre eigenen Bedürfnisse befriedigt werden. Dabei lehren uns Partnerschaft und Familie etwas anderes, dass nämlich das Sein dem Haben übergeordnet ist, und diese Dimension zum Zuge kommt, wenn verschiedene Personen zugunsten eines gemeinsamen Werks ihre Energien zusammenlegen.

Wer in dieser Mondphase geboren wurde, sollte sich demnach nicht daran aufhalten, dass Situationen des Alltags in seinen Augen vielleicht unübersichtlich und chaotisch sind. Der Weg liegt nicht darin, alles unter Kontrolle zu halten. Wichtiger ist, Projekte zu verfolgen, im Rahmen welcher die eigenen Visionen und Träume gelebt werden können. Zusammenarbeit mit anderen und Partnerschaft sind dabei unverzichtbare Elemente eines erfüllten Lebens.

Gegenphasiges Verhalten

Wird die Verwirklichung der eigenen Vision wegen fehlenden Glaubens und Zuversicht an den Nagel gehängt, kommt es zu einem gesellschaftskonformen Verhalten, indem man sich den sozialen Trends und Moden anpasst und vielleicht auch zu deren stolzem Repräsentanten und Befürworter wird. Damit geht aber die Rückverbindung zur inspirierenden visionären Kraft, die früher beflügelte, verloren. Im Aussen gefangen, kommt es vielleicht zu einer Idealisierung von alltäglichen Handlungen, obwohl diesen die erhöhende emotionale Beteiligung fehlt. Das Resultat ist eine Rolle, die man als Verkleideter spielt, der jedoch die Intensität fehlt, weil sie lediglich Ersatz für die ursprünglich beabsichtigte sakrale Handlung ist.

Beispiele

Die folgenden Beispiele zeigen unterschiedliche Entsprechungen, die mit der Verführung (eines Partners oder eines Publikums) oder mit einem Aufgehen in der Musik zu tun haben. Dazu gehören Schauspieler, Sänger und Musiker, aber auch Politiker, die ihr Publikum an ihren Fantasien teilhaben lassen und es dazu anspornen, mitzugehen und sich von der eigenen Darbietung verführen zu lassen.

Musiker, Schauspieler, Regisseure, Künstler, Models und Modeschöpfer

Serge Gainsbourg, frz. Sänger und Schauspieler (Widder/Jungfrau)
Joss Stone, brit. Sängerin und Schauspielerin (Widder/Jungfrau)
Akira Kurosawa, jap. Filmregisseur (Widder, Jungfrau)
Jack Nicholson, US-Schauspieler und Regisseur (Stier/Jungfrau)
Grace Jones, jamaik. Sängerin (Stier/Jungfrau)
Rudolph Valentino, ital. Schauspieler (Stier/Waage)
Johnny Halliday, frz. Sänger und Schauspieler (Zwillinge/Skorpion)
Henry Moore, engl. Bildhauer und Zeichner (Löwe/Steinbock)
Arnold Schwarzenegger, österr.-amerik. Schauspieler und Gouverneur (Löwe/Steinbock)
Sophia Loren, ital. Schauspielerin (Jungfrau/Wassermann)
Kim Kardashian, US-Model (Waage/Fische)
Klaus Kinski, dt. Schauspieler (Waage/Fische)
Yves Montand, frz. Sänger und Schauspieler (Waage/Fische)
Alain Delon, frz. Schauspieler (Skorpion/Widder)
Sally Field, US-Schauspielerin und Regisseurin (Skorpion/Widder)
Diana Krall, kan. Jazzpianistin und Sängerin (Skorpion/Widder)
Calvin Klein, US-Modeschöpfer (Skorpion/Widder)
Jim Morrison, US-Sänger und Songwriter (Schütze/Stier)
Jean-Luc Godard, frz.-schweiz. Fimregisseur (Schütze/Stier)
Farrah Fawcett, US-Schauspielerin (Wassermann/Krebs)

Schriftsteller, Heilige

Teresa von Avila, span. Mystikerin (Widder/Jungfrau)
William Shakespeare, engl. Dramatiker (Stier/Waage)
H. G. Wells, engl. Schriftsteller, Science-Fiction-Romane (Jungfrau/Wassermann)

Politiker

François Hollande, frz. Präsident (Löwe/Steinbock)

John McCain, US-Senator und Präsidentschaftskandidat (Jungfrau/ Wassermann)

Hillary Clinton, US-Senatorin und Präsidentschaftsanwärterin (Skorpion/Fische)

Marion Maréchal-Le Pen, frz. Politikerin (Schütze/Stier)

F. D. Roosevelt, US-Präsident (Wassermann/Krebs)

Mondphase 12: Der/Die Kaiser/in

Diese Mondphase beschreibt Geburten mit dem Mond im Abstand von 150 bis 160 Grad von der Sonne entfernt und entspricht der Qualität des ersten Dekanats des Löwe-Zeichens. Menschen, die in dieser Phase auf die Welt kamen, realisieren sehr bald, dass blosses Wunschdenken nicht zur Erfüllung ihrer Wünsche führt. Erst die aktive Umsetzung ihrer Vorstellungen führt zum Ziel, wobei sie die Erfahrung machen, dass sich jeweils der Stärkere durchsetzt. Dies führt dazu, dass die Angelegenheiten des Lebens in die eigene Hand genommen werden, wobei man nicht immer bei sich selbst Halt macht, sondern jene der anderen häufig gleich mitbestimmt. Um die eigenen Ziele durchzusetzen, steht der Person viel physische und sexuelle Energie zur Verfügung.

Im positiven Fall wird gelernt, die vorhandenen Energien im Hinblick auf die Verwirklichung edler Ziele zu kanalisieren. Dabei kann es verlockend sein, sich selbst in der Heldenrolle zu sehen; als jemand, der mit Mut und Beharrlichkeit für das Helle und gegen die dunklen Kräfte ankämpft. Positive Werte sollen durchgesetzt und negative Entsprechungen zurückgedämmt werden. Daraus resultieren Eigenwilligkeit, Originalität und eine besondere Klarheit des Ausdrucks. Man spricht mit der Einfachheit und Selbstsicherheit eines von Gott eingesetzten Königs (Königin) oder Kaisers (Kaiserin). Dies geht mit dem Bewusstsein einher, auf der Bühne zu stehen und Zuschauer vor sich zu haben. Menschen, die in dieser Phase geboren wurden, haben ein sehr ausgeprägtes Verständnis für das Wesen der Macht. Sie wissen, wer über Macht verfügt und wie führende Persönlichkeiten zu ihrer Macht kamen. Sie wissen auch über die Wichtigkeit der eigenen Gedanken Bescheid. Sehen wir uns als Gewinner, haben wir alle Chancen, zum Gewinner zu werden. Dieses Bild lässt sich auch besser aufrechterhalten, wenn man sich mit Symbolen und Bildern umgibt, die die eigene Ausstrahlung unterstreichen.

Der Kaiser

Ingres: «Napoleon auf seinem Herrscherthron», 1806 (Musée de l'Armée, F-Paris) / Sailko, public domain, Wikimedia

Gegenphasiges Verhalten

Sobald sich die Person allerdings mit der Wirkung identifiziert, die sie auf andere hat, und von einem grossen Mass an Zustimmung abhängig wird, beginnt sie damit, sich nicht mehr in der Phase, sondern phasenverschoben oder gegenphasig zu verhalten. Zu sehr mit der gegenwärtigen Rolle identifiziert, werden weitere Aspekte der Persönlichkeitsentwicklung vernachlässigt. Im schlimmsten Fall lässt man sich durch Schmeichler verführen, die wissen, wie man sich durch Komplimente verführen lässt. Damit gehen aber Klarheit und Ausdruck spontaner, kreativer

Energie verloren. Je stärker dem Applaus zugesprochen wird, umso schneller wird der Pfad des Helden gegen die Rolle des mittelmässigen Schauspielers in einer Schmierenkomödie eingetauscht.

Die zweite Gefahr liegt in der Ablenkung durch Triebe und Begierden. Wer diesen Weg geht, fühlt sich durch Zweifel und Gefühle von Scham von seinen edlen Zielen abgelenkt. Um zur Befriedigung von Instinkten zu kommen, die zu gesellschaftlich verpönten Situationen führen, muss man nämlich zu Strategien der Vertuschung und der Täuschung greifen. Der Verlust an Selbstachtung, der damit einhergeht, steigert dabei die Anfälligkeit für Schmeichler und Claqueure weiter.

Wer sich aus derart entwürdigenden Situationen befreien will, muss den Weg finden, zum Pfad des Helden (der Heldin) zurückzukehren, indem mit Blick auf das Wohl der Gemeinschaft jene Ziele angepeilt werden, die nicht nur im eigenen Interesse sind, sondern auch in jenem der Schutzbefohlenen und Anvertrauten. Wer dabei der Devise folgt, dass der König «der erste Diener seines Volkes» ist, lebt gemäss der in dieser Phase vorgegebenen Bestimmung.

Beispiele

An Beispielen für überbordende Energie fehlt es bei in dieser Mondphase Geborenen nicht. Dabei fällt es nicht immer leicht, der wirklichen Grösse nachzuleben, die diese Phase einfordert. Dies gilt insbesondere für Politiker und Staatsführer.

<u>Staatsoberhäupter, Päpste, Prinzen, Politiker, Mitglieder berühmter Familien</u>

Katharina von Medici, Königin von Frankreich (Stier/Waage)
Joséphine de Beauharnais, Kaiserin der Franzosen (Krebs/Schütze)
Napoléon Bonaparte, frz. Kaiser (Löwe/Steinbock)
Cesare Borgia, ital. Renaissancefürst (Jungfrau/Wassermann)
Silvio Berlusconi, ital. Premierminister (Waage/Fische)
Prinz Charles, brit. Monarchie (Skorpion/Stier)
Boris Jelzin, russ. Staatschef (Wassermann/Krebs)
Chelsea Clinton, Tochter von Bill und Hillary Clinton (Fische/Löwe)
Michail Gorbatschow, sowj. Staatschef (Fische/Löwe)

<u>Schauspieler, Sänger, Maler, Sportler, Magier, Unternehmer, Abenteurer</u>

Amber Heard, US-Schauspielerin (Stier/Waage)
Henry Fonda, US-Schauspieler (Stier/Waage)
El Cordobés, span. Stierkämpfer (Stier/Waage)

Amanda Knox, in Italien angeklagte US-Studentin (Krebs/Schütze)
Mike Tyson, US-Boxchampion (Krebs/Schütze)
Peter Paul Rubens, niederl. Maler (Krebs/Schütze)
Leonard Cohen, kan. Sänger und Songwriter (Jungfrau/Fische)
Aleister Crowley, brit. Okkultist (Waage/Fische)
Bill Gates, US-Unternehmer (Skorpion/Widder)
Sarah Bernhardt, frz. Schauspielerin (Skorpion/Widder)
Tim Cook, Apple-Chef (Skorpion/Widder)
Michel Piccoli, frz. Schauspieler (Steinbock/Zwillinge)
Edith Piaf, frz. Sängerin (Schütze/Zwillinge)
Clark Gable, US-Schauspieler (Wassermann/Krebs)

Schriftsteller, Journalisten, Philosophen

Madame de Staël, frz. Schriftstellerin (Stier/Waage)
Anna Wintour, brit. Journalistin (Skorpion/Widder)
Rudyard Kipling, brit. Schriftsteller und Dichter (Wassermann/Krebs)
Simone Weil, frz. Philosophin (Fische/Löwe)

Mondphase 13: Der/Die Tänzer/in

Diese Mondphase beschreibt Mond-Stellungen im Abstand von 160 bis 170 Grad von der Sonne. Sie wird durch das Zeichen Löwe und den Planeten Jupiter charakterisiert. Dementsprechend haben wir es mit einem starken Ausdruck von physischer und mentaler Energie zu tun und Menschen dieser Phase gehen mit Wärme, Zuversicht und Humor auf die Welt zu. Die Fähigkeit, im Moment zu leben, ist sehr ausgeprägt, wobei es gleichzeitig zum würdevollen Ausdruck eines lebensfrohen Geistes kommt. Die Person schafft ein Klima, in welchem sich Freunde sehr wohl fühlen.

Aufgrund der gezeigten Kreativität kommen Menschen dieser Mondphase besonders gut mit Kindern aus. Sie freuen sich an deren Spontaneität und Unmittelbarkeit, Züge, die mit dem Erwachsenwerden in unserer Gesellschaft häufig etwas in den Hintergrund treten.

Wer in dieser Mondphase geboren wurde, bringt aufgrund der ausgestrahlten Kraft die Mitmenschen in Kontakt mit ihrem vielleicht noch ungelebten Potenzial. Dies verleiht eine natürliche Autorität und erleichtert es, die eigenen Ideen zu verbreiten. Auch wird die verspürte Freude mit anderen geteilt und dies ist eine hervorragende Konstellation für Tätigkeiten im Bereich des kreativen Ausdrucks, der Kunst, der Schauspielerei und der Unterhaltung. Aber nicht nur Künstler, sondern auch Forscher können von dieser Konstellation profitieren.

Die Expansivität dieser Mondphase fördert die Bereitschaft, auf die Welt zuzugehen und sein Wissen wie auch seine Freude nicht für sich zu behalten, sondern andere daran partizipieren zu lassen. Vom Vollmond, der die Ausgestaltung und das Sichtbarwerden dessen verkörpert, was beim Neumond begonnen wurde, ist diese Phase nicht mehr weit entfernt, und so entspricht sie einer der verschiedenen Möglichkeiten, die Schönheit der Schöpfung zusammen mit anderen zu erleben. Indem der Austausch gepflegt wird, kann dieser mit der Zeit eine philosophische Dimension annehmen. Dabei kann die Erfahrung gemacht werden, dass, je mehr man von sich zeigt und je grosszügiger man mit seinen Gefühlen umgeht, desto mehr zurückkommt, was es ermöglicht, den Hunger nach einem erfüllten Leben in jeder Hinsicht zu befriedigen. In einem grossen Kreis von Freunden, Familie und Fans kann man auch im fortgeschrittenen Alter das, was man zu sagen hat, so herüberbringen, dass man sich mit anderen durch ein Gefühl geteilter Sinnhaftigkeit und gemeinsamen Wachstums verbunden fühlt. Im Alter kann man unter dem Einfluss dieser Mondphase zum «Weisen alten Mann» oder zur «Grande Dame» werden.

Die Tänzerin

Edgar Degas, **«Der Stern»** 1878 (Musée d'Orsay, F-Paris) / The Yorck Project (2002), public domain, Wikimedia

Gegenphasiges Verhalten

Zu negativen Entsprechungen kommt es, wenn der unternehmungslustige und visionäre Enthusiasmus für neue Projekte versiegt und der Wunsch nach Wirkung und Expansion über sinnliche Freuden Befriedigung sucht. Die Person wird ungeduldig, fordernd und sie wünscht sich regelmässig mehr Aufmerksamkeit und Zuwendung vonseiten anderer als das, was ihr entgegengebracht wird.

Beispiele

Viele der folgenden Beispiele bringen eine expansive Lebenskraft zum Ausdruck, die sie dazu veranlasst, weit in der Welt oder im Kosmos auszureichen, um zu erfahren, bis wohin die eigenen Möglichkeiten gehen. Darunter befinden sich Politiker und Schauspieler mit einer grossen Ausstrahlung, Musiker, die über die Welt der Klänge ihre Möglichkeiten eines Erlebnisses kosmischer Verbundenheit erproben, oder ganz allgemein Menschen, die sich gerne auf der Bühne zeigen.

<u>Staatsmänner, Politiker und Kirchenfürsten</u>

Papst Benedikt, dt. Kardinal (Widder/Waage)

Harry Truman, amerik. Präsident (Stier/Skorpion)

Peter der Grosse, russ. Zar (Zwillinge/Schütze)

John Adams, US-Präsident (Skorpion/Widder)

<u>Schauspieler, Maler, Musiker, Schriftsteller</u>

Jean-Paul Belmondo, frz. Schauspieler (Widder/Waage)

Bono, irischer Musiker (Stier/Skorpion)

Miles Davis, US-Jazzmusiker (Zwillinge/Skorpion),

Nicole Kidman, US-austr. Filmschauspielerin und -produzentin (Zwillinge/Schütze)

Ernest Hemingway, US-Schriftsteller (Krebs/Steinbock)

Edgar Degas, frz. Maler und Bildhauer (Krebs/Steinbock)

Cara Delevigne, brit. Model und Schauspielerin (Löwe/Wassermann)

John Cleese, brit. Komiker und Schauspieler (Skorpion/Widder)

Janis Joplin, US-Rocksängerin (Steinbock/Krebs)

Shakira, kolumb. Popsängerin und Songwriterin (Wassermann/Krebs)

Django Reinhardt, frz. Sinti-Jazzmusiker (Wassermann/Krebs)

Paris Hilton, US-Model und Sängerin (Wassermann/Löwe)

James Joyce, irischer Schriftsteller (Wassermann/Löwe)

<u>Astronomen und Wissenschaftler</u>

Johannes Kepler, dt. Naturphilosoph und Astronom (Steinbock/Zwillinge)

Louis Pasteur, frz. Chemiker und Physiker (Steinbock/Zwillinge)

Isaac Newton, engl. Naturwissenschaftler (Steinbock/Krebs)

Mondphase 14: Die Visionssuche

Diese Mondphase beschreibt Stellungen des Mondes im Abstand von 170 bis 180 Grad von der Sonne entfernt und weist eine Entsprechung zum dritten Dekanat des Löwe-Zeichens und zu den Planeten Sonne und Mars auf. Menschen, die in dieser Mondphase geboren wurden, befinden sich in einem intensiven Prozess der Suche nach der beflügelnden Vision. Es drängen sich ihnen Fragmente neuer Wahrheiten auf, denen sie auf die Spur kommen wollen. Dabei handelt es sich häufig um Intuitionen im Zusammenhang mit Erkenntnissen, die sie erahnen, sich aber noch nicht zu eigen gemacht haben. Um sich dieser Wahrheitssuche widmen zu können, sind sie bereit, Sichtweisen der Gesellschaft, die sie als Ausdruck von Mittelmässigkeit erleben, hinter sich zu lassen, um sich konzentriert auf ihre einsame Suche zu begeben.

Was ihnen hilft, diesen Weg zu gehen, ist die enorme Wirkung, die ihre Persönlichkeit auf andere ausübt. Dabei handelt es sich um die Kraft, die von jemandem ausgeht, der von einem heiligen Feuer angetrieben ist und dies auch ausstrahlt. Obwohl die Person ganz mit sich selbst – beziehungsweise mit den verschiedenen Aspekten ihres Selbst, die unvermittelt in den Vordergrund drängen – beschäftigt ist, macht sie auf andere den Eindruck, sie hätten es mit einem Menschen zu tun, der sich nicht ablenken lässt, weil er von wichtigen Dingen in Anspruch genommen ist, die ihm kaum Raum lassen, anders zu handeln. Unbeeindruckt durch Liebesbekundungen und davon, dass man sie vielleicht für einen Helden hält, ist diese Person bereit, alles fallen zu lassen, wenn sich ihr eine Vision aufdrängt, die in eine andere, neue Richtung weist. Richtet sich ihr Interesse auf gesellschaftliche oder politische Projekte, sind die anderen bereit mitzuziehen, denn es geht von diesem Menschen neben einer starken Willenskraft eine leidenschaftliche Intensität aus, die ihre Wirkung auf jene, die mit Mass und Vorsicht unterwegs sind, nicht verfehlt. Was fasziniert, ist die Spontaneität, mit welcher neue Unternehmungen angepackt werden, wie wenn es das Natürlichste der Welt wäre, dies und nichts anderes zu tun.

In dieser Mondphase ist man in einem ersten Teil des Lebens häufig damit beschäftigt, die Aussenwelt nach Motiven und Symbolen abzutasten, denen zum Verständnis eigener Prozesse eine Schlüsselfunktion zukommt – ähnlich einem Passwort, welches das Tor zwischen dem, was ist, und dem, was sein könnte, öffnet. Dies kann auch eine Faszination für eine Person beinhalten, die das Geheimnis verkörpert, zu dessen Schlüssel man sich auf der Suche befindet. Daraus können leidenschaftliche

Beziehungen resultieren, die einen starken Entwicklungsschub vermitteln. Um positiv gelebt zu werden, braucht diese Mondphase die Bereitschaft, auf sich zu hören, und den Mut, eigene Wege zu gehen, wenn man spürt, dass eine bestimmte Erfahrung ansteht, die für ein erfülltes Leben vordringlich ist. Vielleicht steht man auch unter dem Druck, nicht als egoistisch oder egozentrisch zu gelten, und dies kann es erschweren, jene Schritte zu tun, die für die persönliche Entwicklung wichtig wären. Stattdessen polt man dann die auf die Entdeckung des Selbst ausgerichtete Energie um und fühlt sich der Vorstellung verpflichtet, man sollte mit seinen überbordenden Energien die Welt retten. Ein solcher Weg passt allerdings nicht zu dieser Mondphase. Er kann dazu führen, dass man jene, denen man helfen will, überfordert oder man verrennt sich in Anbetracht der Vielfalt der Aufgaben so sehr, dass daraus eine enorme Überforderung resultiert. Richtig ist es deshalb, sich selbst treu zu bleiben und sich – ähnlich einem Künstler – die Erlaubnis zu geben, den ganz eigenen Weg zu gehen. So wird das Steuer herumgerissen und es wird die Basis für eine natürliche Entwicklung gelegt. Wer unter dieser Mondphase geboren wurde, hat auch die Möglichkeit zu realisieren, dass die Natürlichkeit, Frische und Begeisterungsfähigkeit, die von einem ausgeht, ein viel grösseres Geschenk für andere darstellt, als wenn man sich abgedroschenen gesellschaftlichen Massstäben zu unterwerfen versuchte.

Gegenphasiges Verhalten

Aufforderungen und Ermahnungen der Mitwelt können dazu führen, dass die subjektive Entdeckungsreise des eigenen Selbst auf die vermeintlich sozialtaugliche Aufgabe umgelenkt wird, die Welt zu verbessern. Allerdings kann dies schnell einmal zu einer Überforderung führen. So wird die Person realisieren, dass sich ohne grosse Anstrengung nicht viel erreichen lässt. Dies kann dazu führen, dass Menschen, denen geholfen werden sollte, unwirsch dazu aufgefordert werden, zwecks Vollendung des grossen Werkes ihren Anteil der Pflichten zu schultern. Vielleicht wird die Aufgabe auch zum vornherein als derart umfassend taxiert, dass es sich nicht lohnt, sich daranzumachen. Dabei stellt sich Zufriedenheit erst dann ein, wenn eine Konzentration auf den eigenen persönlichen Ausdruck stattfindet auf etwas, das bewerkstelligt werden kann, ohne die anderen gegen ihren Willen dafür einspannen zu müssen. Auf diese Weise wird auch vermieden, dass die eigenen Taten in einer Weise angepriesen werden müssen, dass andere dies als aufdringlich empfinden. Solches ist in besonderer Weise dann der Fall, wenn die narzisstische Selbstbespiegelung so weit geht, dass andere kleingemacht werden müssen, damit der eigene Glanz alles überstrahlt.

Beispiele

Unabhängig von der Art des gezeigten Ausdrucks illustrieren manche der folgenden Beispiele von kurz vor dem Vollmond stattfindenden Geburten eine enorme Kraft, welche zu eindrücklichen Verwirklichungen fähig ist.

Schauspieler, Sportler, Musiker, Künstler, Schriftsteller

Kristen Stewart, US-Schauspielerin (Widder/Waage)
Alec Baldwin, US-Schauspieler (Widder/Waage)
Nikolei Gogol, russ. Schriftsteller (Widder/Waage)
Sergei Prokofiev, sowj. Komponist (Stier/Waage)
Isabelle Huppert, frz. Schauspielerin (Zwillinge/Schütze)
Ingeborg Bachmann, österr. Schriftstellerin (Krebs/Steinbock; *Fig. 21*, Bespr. auf S. 56)
Charlie Parker, US-Jazzmusiker (Jungfrau/Fische)
Blaise Cendrars, schweiz.-frz. Schriftsteller (Jungfrau/Fische)
Luciano Pavarotti, ital. Opernsänger (Waage/Widder)
Demi Moore, US-Schauspielerin (Skorpion/Stier)
Michael Schumacher, dt. Autorennfahrer (Steinbock/Krebs)
Christiano Ronaldo, portug. Fussballer (Wassermann/Löwe)
Jack Kerouac, US-Schriftsteller (Fische/Jungfrau)

Politiker, Unternehmer, Fürstenhäuser

Hosni Mubarak, ägypt. Staatschef (Stier/Skorpion)

Mark Zuckerberg, US-Unternehmer (Stier/Skorpion)
Donald Trump, US-Präsident (Zwillinge/Schütze; *Fig. 19,* Bespr. S. 53)
Newt Gingrich, US-Politiker (Zwillinge/Schütze)
Segolène Royal, frz. Politikerin (Jungfrau/Fische)
Francisco Franco, span. Diktator (Schütze/Zwillinge; Bespr. S. 55)
Herzogin Kate, brit. Königshaus (Steinbock/Krebs)
Andrew Jackson, US-Präsident (Fische/Jungfrau; *Fig. 20,* Bespr. S. 54)

Wissenschaftler und Yogis

Max Weber, dt. Soziologe (Stier/Skorpion; Bespr. auf S. 55)
Swami Muktananda, ind. Yogi (Stier/Skorpion)

Mondphase 15: Der/Die Geliebte

In dieser Mondphase, die mit dem Vollmond beginnt und sich über den Abstand des Mondes von der Sonne von 180 bis 210 Grad, das heisst bis zum abnehmenden Quinkunx (150 Grad), erstreckt, begegnet der Beobachter als Subjekt der physischen Welt, die für ihn in ihrer ganzen Pracht sichtbar wird. Damit werden aber auch Details und Unstimmigkeiten ebenso erkennbar wie unverwirklichte Potenziale. So liegt die Aufgabe darin, sich nicht davon ablenken zu lassen, indem man andere auf Ungereimtheiten aufmerksam macht, sondern die eigene Vorstellung von Schönheit und Vollkommenheit, die man in sich trägt, durch Disziplinierung umzusetzen.

Dabei ist es hilfreich, im direkten und lebendigen Austausch mit anderen zu stehen, indem die Bereitschaft entwickelt wird, andere in das eigene Leben einzulassen. Durch Sensibilität und Empfänglichkeit ebenso wie durch physische Anziehungskraft lockt man Menschen aus der Reserve und bringt sie dazu, ehrlich über sich selbst und ihre Erfahrungen zu sprechen. Damit profiliert man sich zum Geburtshelfer und kommt in die Lage, erhabene Qualitäten im Gegenüber zu sehen. Dies fördert eine Begegnung der Geschlechter auf Augenhöhe und es ist das Ziel dieser Mondphase, eine Fairness des Gebens und Nehmens zu pflegen, wodurch man sich über Beziehungen weiterentwickelt.

Die Mondphase 15 liegt am Anfang des abnehmenden Halbkreises. Das Jungfrau-Zeichen, das dieser Phase entspricht, legt nahe, sich durch Disziplin im Alltag mit den Beschränkungen der praktischen Existenz auseinanderzusetzen. Im positiven Fall lässt uns die Zurückhaltung dieses Zeichens mit Bescheidenheit in die Begegnungssituation mit dem Gegenüber eintreten. Das Zusammensein wird nicht durch unrealistische Fantasien getrübt.

Gegenphasiges Verhalten

Der/Die Geliebte

Edvard Munch: «Der Kuss» IV, 1902 (Munch Museum, Oslo) / Google Art Project, public domain, Wikimedia

Nicht gemäss dieser Phase handelt man hingegen, wenn die eigene Disziplin vernachlässigt und versucht wird, sich nach äusseren Kriterien und Richtlinien auszurichten. Dann läuft man Gefahr, sich in den verschiedenen Facetten der Aussenwelt zu verfangen, indem man der Verführung erliegt, jedem einzelnen Irrlicht nachzuspüren, womit der Blick für das Ganze verlorengeht. Je mehr wir uns in den oberflächlichen Details verlieren, desto stärker wächst die Unzufriedenheit mit dem Leben. Wir laufen dann Gefahr, der grossen Gabe verlustig zu gehen, die in dieser Phase mit der Fähigkeit zu tun hat, das Ganze zu sehen. So bedeutet die Bereitschaft, auf andere zuzugehen, gleichzeitig auch immer die Aufforderung, mit dem eigenen Zentrum rückverbunden zu bleiben.

Zwar mag es wichtig sein, dass wir unsere Vision der Welt nicht starr beizubehalten versuchen, wenn wir auf Dinge stossen, die nicht dazu passen. Erst indem wir jedoch aktiv daran arbeiten, das, was wir uns wünschen, und das, was wir in der Welt antreffen, miteinander zu versöhnen, werden wir unserem Potenzial gerecht: Durch Disziplin die Dinge so zu gestalten, dass sie zum Ausdruck der eigenen Vision werden. Auf diese Weise vermeiden wir es, uns wegen Ablenkung und übermässiger Anpassung in einer Beziehung, an einem anderen Ort und in einer anderen Rolle wiederzufinden, als jenen, auf die wir ursprünglich zusteuerten.

Beispiele

Unter dieser Mondphase findet man zahlreiche Beispiele von Musikern, Sängern, Malern, Schauspielern, Politikern, Schriftstellern und Philosophen, die es verstanden, sich durch ihr Gegenüber und ihr Publikum befruchten zu lassen und sich in Resonanz mit diesen zu besonderer Ausdruckskraft steigerten.

Dichter, Schriftsteller, Schauspieler, Regisseure, Musiker, Maler, Sänger, Modeschöpfer und Models

Simone Signoret, frz. Schauspielerin und Schriftstellerin (Widder/Waage)
Susan Boyle, brit. Sängerin (Widder/Waage)
Tommy Hilfiger, US-Modeschöpfer (Widder/Waage)
Charlie Chaplin, brit. Schauspieler und Regisseur (Widder/Skorpion)
Eric Clapton, brit. Musiker (Widder/Skorpion)
Claudia Cardinale, ital. Schauspielerin (Widder/Skorpion)
Honoré de Balzac, frz. Schriftsteller (Stier/Schütze)
Naomi Campbell, brit. Model und Schauspielerin (Zwillinge/Schütze)
Lenny Kravitz, US-Rocksänger (Zwillinge/Schütze)
Judy Garland, US-Schauspielerin und Sängerin (Zwillinge/Schütze)
Federico García Lorca, span. Lyriker (Zwillinge/Schütze)
Chiara Mastroianni, frz. Schauspielerin (Zwillinge/Schütze)
Cecilia Bartoli, ital.-österr. Opernsängerin (Zwillinge/Schütze)
Johnny Depp, US-Schauspieler und Rockmusiker (Zwillinge/Steinbock)
Liv Tyler, US-Schauspielerin und Model (Krebs/Steinbock)
Jean Anouilh, frz. Dramatiker (Krebs/Steinbock)
Cat Stevens, brit. Sänger und Songwriter (Krebs/Wassermann)
Sandra Bullock, US-Schauspielerin und Filmproduzentin (Löwe/Wassermann)
Robert de Niro, US-Schauspieler und Regisseur (Löwe/Fische)
Coco Chanel, frz. Modeschöpferin (Löwe/Fische)
Selma Hayek, US-mexik. Schauspielerin (Jungfrau/Widder)
Jean Renoir, frz. Maler (Jungfrau/Widder)
Michael Jackson, US-Sänger und Tänzer (Jungfrau/Fische)
Johann Wolfgang Goethe, dt. Dichter (Jungfrau/Fische)
Buster Keaton, US-Schauspieler und Komiker (Waage/Widder)
Giuseppe Verdi, ital. Komponist (Waage/Widder)
Miguel de Cervantes, span. Schriftsteller (Waage/Widder)
Gore Vidal, US-Schriftsteller (Waage/Widder)
Lucchini Visconti, ital. Filmregisseur (Skorpion/Stier)
Tina Turner, US-schweiz. Sängerin und Schauspielerin (Schütze/Zwillinge)
Kirk Douglas, US-Schauspieler (Schütze/Zwillinge)
Gérard Philippe, frz. Schauspieler (Schütze/Zwillinge)

Vanessa Paradis, frz. Sängerin und Schauspielerin (Steinbock/Krebs)
David Bowie, brit. Musiker (Steinbock/Löwe)
John Travolta, US-Schauspieler und Regisseur (Wassermann/Jungfrau)

Staatsmänner und Aufklärer

Rainer III. von Monaco, Prinz (Zwillinge/Schütze)
Angela Merkel, dt. Bundeskanzlerin (Krebs/Wassermann)
Anna Politkowskaya, russ. investigative Journalistin (Jungfrau/Fische)
Baschar al-Assad, syrischer Diktator (Jungfrau/Fische)
Kardinal Richelieu, frz. Staatsmann (Jungfrau/Fische)
Elie Wiesel, Publizist, Friedensnobelpreisträger (Waage/Widder)
Friedrich der Grosse, dt. Kaiser (Wassermann/Löwe)
Ted Kennedy, US-Politiker (Fische/Jungfrau)

Philosophen, geistige Leaderfiguren, Astrologen, Mystiker

Franz von Assisi, ital. Heiliger (Waage/Stier)
Ramana Maharishi, ind. Heiliger (Steinbock/Krebs)
Evangeline Adams, US-Astrologin (Wassermann/Löwe)
Michel Houellebecq, frz. Schriftsteller (Wassermann/Jungfrau)
Rudolph Steiner, dt. Anthroposoph (Fische/Jungfrau)
Arthur Schopenhauer, dt. Philosoph (Fische/Jungfrau)

Mondphase 16: Die Mission

Diese Mondphase entspricht der Stellung des Mondes, der nach der Opposition wieder auf die Sonne zuläuft und sich von dieser im Abstand zwischen 150 und 140 Grad befindet. In der abnehmenden Phase des Mondes geht es nicht um das weitere Anhäufen von Form, sondern darum, diese mit anderen zu teilen. Die Beschäftigung mit der Welt gewinnt an Bedeutung und das Ich ist dazu eingeladen, sich mit der Andersartigkeit des Gegenübers auseinanderzusetzen. Dies ist gerade in frühen Jahren wichtig, denn die eigenen Vorstellungen können auf diese Weise mit jenen des Partners abgeglichen werden. So wird die Sackgasse vermieden, ausschliesslich vom eigenen Bild der Welt auszugehen. Dies wird durch das Erlebnis einer verwandelnden und bedingungslosen Liebe gefördert – ein umso wichtigerer Schritt, als in dieser Phase das Leben nach wie vor in starkem Masse einer Projektion der eigenen Gedanken entspricht. Eine engagierte Verbindung mit dem Partner ermöglicht es, dies zu relativieren, indem das Bild, das man sich von der Welt macht, durch jenes des Gegenübers ergänzt wird.

Ein weiterer Weg, sich mit der Welt, die sich einem neu auftut, auseinanderzusetzen und die eigene Vision zu leben, kommt über ein starkes Engagement für die Gemeinschaft und die Gesellschaft zum Tragen. Entwicklungsfördernd ist es, wenn dieses aus einer breitgefächerten Perspektive hervorgeht, was über ein Interesse für die Geschichte der Kulturen und der Zivilisationen zum Ausdruck kommen kann. Man macht sich einen Namen als sozial engagierte Person und das hilft, negative Entwicklungen zurückzudämmen. Solche finden nämlich vor allem dann statt, wenn aus einer Tendenz, am eigenen Selbstwert zu zweifeln, ein Drang nach ständiger Beachtung und Bestätigung resultiert, der dazu veranlasst, Liebe und Zuwendung zu rationieren, um nur noch jene damit zu beschenken, die uns ihre Aufmerksamkeit geben.

Zwei Entwicklungswege stehen dabei im Vordergrund:

Ganz im Gegenüber aufgehen und durch die Kraft der Liebe selbst eine tiefe Wandlung erfahren. Oder:

An der Erschaffung neuer Strukturen mitwirken, die die Möglichkeit schaffen, dass das Göttliche und Transzendentale stärker zum Ausdruck kommt.

In beiden Fällen geht der Weg vom Haben zum Sein und von der Absonderung des Ego weg zum Gemeinsamen und Universellen.

Gegenphasiges Verhalten

Während im positiven Falle jemand, der in dieser Mondphase geboren wurde, einen Sinn für die Unterschiedlichkeit des Lebensweges der verschiedenen Menschen entwickelt, fällt dies jemandem schwer, der sich konträr zu den Qualitäten dieser Phase stellt. In diesem Fall besteht die Gefahr von Vereinsamung, weil es nicht gelingt, die Aufmerksamkeit und das Interesse anderer zu gewinnen. Darunter leidet in der Folge der Selbstwert und es entsteht ein Gefühl von Unsicherheit, welches durch die Forderung nach ständiger Aufmerksamkeit kompensiert wird. Die Frustration, die im Kontakt mit anderen erlebt wird, verstärkt aber den Rückzug und verhindert den freien Fluss von Liebesgefühlen. In einer solchen Situation kann eine Verlagerung auf sinnliche Entsprechungen stattfinden, da diese am ehesten als sichere Währung erscheinen. Nimmt dieser Circulus vitiosus seinen Lauf, führen gefühlsmässige Enttäuschungen immer wieder zu sinnlichen Kompensationen, die ins Extreme gehen können und ein Alternieren von Freude und Schmerz nach sich ziehen. Abrupt kann auch die Verabschiedung einer nahestehenden Person sein, die in den eigenen Augen ihre Schuldigkeit getan hat.

Beispiele

Wir finden mit dieser Stellung eine grosse Zahl von Künstlern, die darin aufgehen, der Welt Erhellendes zu hinterlassen und die andere durch ihre Begeisterung inspiriert haben. Auch Staatsmänner und Politiker können vom Drang angetrieben sein, eine neue Gesellschaft zu erschaffen.

Sänger, Musiker, Künstler, Schauspieler, Regisseure, Schriftsteller

Lady Gaga, amerik. Sängerin und Schauspielerin (Widder/Skorpion)
Monserrat Caballé, span. Opernsängerin (Widder/Skorpion)
Johannes Brahms, dt. Komponist (Stier/Schütze)
Kathleen Turner, amerik. Schauspielerin (Zwillinge/Wassermann)
Mel Brooks, amerik. Komiker, Regisseur (Krebs/Wassermann)
William Blake, brit. Dichter und Maler (Schütze/Krebs)
Tomi Ungerer, frz. Grafiker, Schriftsteller und Illustrator (Schütze/Krebs)
Marlene Dietrich, dt. Schauspielerin (Steinbock/Löwe)
David Lynch, US-Künstler und Regisseur (Steinbock/Jungfrau)
Sharon Tate, US-Schauspielerin (Wassermann/Jungfrau)
Bertolt Brecht, dt. Dramatiker (Wassermann/Waage)
Nina Hagen, dt. Sängerin und Schauspielerin (Fische/Waage)

Politiker, Philosophen, Hellseher und Heilige

Nancy Pelosi, amerik. Politikerin (Widder/Skorpion)
J. Krishnamurti, ind. Philosoph (Stier/Schütze)
Bernie Sanders, amerik. Politiker (Jungfrau/Widder)
Hildegard von Bingen, dt. Heilige (Jungfrau/Widder)
Mao Tse Tung, chin. Staatsführer (Steinbock/Löwe)
Cicero, röm. Politiker und Philosoph (Steinbock/Löwe)
Jeane Dixon, US-amerik. Hellseherin (Steinbock/Löwe)

Mondphase 17: Der Zauberer

Diese Mondphase beschreibt eine Mond-Stellung, die 140–130 Grad hinter der Sonne steht (eine Konstellation, die im Durchschnitt im Halbquadrat nach dem Vollmond stattfindet). In dieser Mondphase wird die Erfahrung gemacht, dass auf die materiellen Entsprechungen der Welt kein Verlass ist, denn es kommt zu plötzlichen Unterbrüchen gewohnter Abläufe, die das Gefühl erzeugen, man könne nicht auf die Materie und die beobachtbaren Formen abstellen. Damit erscheinen auch menschliche Leidenschaften in einem neuen Licht: Schnell in der Lage sich zu verlieben, da das Unbewusste eigene Seelenanteile auf andere projiziert, muss realisiert werden, dass es zwischen dem Geliebten und dem Liebesideal nur beschränkt Parallelen gibt. Aus auseinanderfallenden Beziehungen kann aber die Erkenntnis hervorgehen, dass es die eigenen Projektionen waren, die dazu führten, den Partner so zu sehen, wie man ihn sich wünschte. Fällt diese Einsicht auf fruchtbaren Boden, kann sie zur Fähigkeit führen, zwischen den erotisch-emotionalen Bildern des Unbewussten und der realen Erscheinungsform des Gegenübers zu unterscheiden. Daraus kann auch eine Suche hervorgehen, die um die Frage kreist, wie unser Bewusstsein neue Realitäten erschafft, was ein Interesse für Psychologie, Yoga, Magie oder Astrologie erzeugen kann.

Möglichkeiten für wechselnde sinnliche Erfahrungen werden in dieser Mondphase durch eine ausgeprägte erotisch-sexuelle Anziehungskraft unterstützt. So kann es einiges an Disziplin und einen bewusst eingehaltenen Verhaltenskodex brauchen, damit das eigene Leben nicht von Begierden regiert wird. In der sublimierten Entsprechung entstehen aber besondere Möglichkeiten, auf andere Menschen eine Wirkung auszuüben, wobei die Pflege einer prägnanten Wort- und Bildsprache die Ausdrucksmöglichkeiten markant steigern kann.

Personen, die in dieser Mondphase geboren wurden, sollten sich vor jenen Dingen in Acht nehmen, die sie mit gesteigerter Intensität begehren. Indem die Erfahrung gemacht wird, dass freiwillige Verzichte und die Bereitschaft, loszulassen, von Abhängigkeiten befreit, nimmt man das eigene Leben in die Hand und bewegt sich auf ein von Leidenschaften und Trieben geläutertes Bewusstsein zu. Gleichzeitig verfeinert sich der Schönheitssinn und es lässt sich entdecken, dass es jenseits der Materie und des Körpers eine himmlische Welt reiner Liebe und Schönheit gibt.

Gegenphasiges Verhalten

In dieser Mondphase wird häufig die Erfahrung gemacht, dass der Partner vielversprechend erscheint, sodass ein intensiver Bezug zueinander zustandekommt. Dabei bleibt es aber nicht und es kommt zu einer Distanzierung. Um in der Phase zu bleiben, muss diese ausgehalten werden, und dies mag ein Prozess sein, der sich viele Male wiederholt. Gelingt es dabei nicht, solchen Erfahrungen der Entfremdung und Enttäuschung einen Sinn abzugewinnen, droht ein phasenverschobenes Verhalten. Dann kommt es zu einer Reihe von Exzessen, die eine Ablenkung von der gescheiterten Beziehung bieten sollen. Dies wiederum kann auf schlechte körperliche Verfassung, Niedergeschlagenheit sowie Schuld- und Unzulänglichkeitsgefühle ausmünden.

Beispiele

Unter den im Folgenden aufgeführten Persönlichkeiten findet sich eine grössere Zahl von Regisseuren, Schauspielern, Sängern und Künstlern – Menschen, die über prägnante Bilder und einen besonderen erotisch-sexuellen Magnetismus beim Publikum viel auslösen. Dazu gesellen sich auch einige Yogis und geistige Führungsfiguren.

<u>Schauspieler, Regisseure, Sänger, Musiker, Schriftsteller</u>

Warren Beatty, US-Schauspieler und Regisseur (Widder/Skorpion)
Al Pacino, US-Regisseur und Schauspieler (Stier/Schütze)
Adele, brit. Sängerin (Stier/Schütze)
Gary Cooper, US-Schauspieler (Stier/Schütze)
Duke Ellington, US-Jazzmusiker (Stier/Schütze)
Cher, US-Sängerin und Schauspielerin (Stier/Steinbock)
Charles Aznavour, armenisch-frz. Chansonnier (Zwillinge/Steinbock)
Rainer Werner Fassbinder, dt. Regisseur und Schauspieler (Zwillinge/Steinbock)
Gene Wilder, US-Schauspieler und Komiker (Zwillinge/Wassermann)
Diane Kruger, US-dt. Schauspielerin (Krebs/Fische)
Amedeo Modigliani, ital. Maler (Krebs/Fische)
Antonio Banderas, span. Schauspieler (Löwe/Widder)
Hugh Grant, brit. Schauspieler (Jungfrau/Stier)
Jorge Luis Borges, argent. Dichter (Jungfrau/Widder)
Michelangelo Antonioni, ital. Regisseur (Waage/Stier)
Auguste Rodin, frz. Bildhauer und Künstler (Skorpion/Zwillinge)
Claes Oldenburg, US-schwed. Bildhauer (Wassermann/Jungfrau)
Vanessa Redgrave, brit. Schauspielerin (Wassermann/Jungfrau)
Justin Bieber, kan. Sänger und Schauspieler (Fische/Waage)

<u>Geistige Leaderfiguren und Astrologen</u>

Alexander Ruperti, russ.-engl.-dt. Astrologe und Osteopath (Zwillinge/Steinbock; *Fig. 22;* Bespr. auf S. 57)
Paramahansa Yogananda, ind. Yoga-Meister und Philosoph (Steinbock/Löwe)
Sai Baba, ind. Yogi (Skorpion/Krebs)
Maharishi Mahesch Yogi, ind. Yogalehrer und Autor (Steinbock/Jungfrau)

Wissenschaftler und Ökonomen

Wilhelm Röntgen, dt. Physiker (Widder/Skorpion)
Christine Lagarde, frz. Ökonomin (Steinbock/Löwe)

Mondphase 18: Der Engel

Diese Mondphase entspricht im abnehmenden Sonne/Mond-Zyklus jenem Punkt, an welchem der auf die Sonne zulaufende Mond 130–120 Grad hinter der Sonne steht.

Seit dem Vollmond hat der Mond bereits einen weiten Weg zurückgelegt und die Bereitschaft wächst, die Unterschiede zu akzeptieren, die die individuelle Entwicklung der Menschen hervorbringt. Dies schafft gute Möglichkeiten, um Liebe und Partnerschaft auf reife und dauerhafte Art zu erleben. Es steht nicht mehr das Trennende im Vordergrund, welches entsteht, wenn in der Begegnung von einer eigenen Vorstellung des anderen ausgegangen wird, die sich möglicherweise in keiner Weise mit dessen realer Erscheinung und Art deckt. Mit einem bezogenen Verhalten kommt man dem Wesen der Liebe, die sich nicht an Oberflächlichkeiten aufhält, sehr nahe. Es ist eine realistische Haltung vorhanden, die dazu anregt, die eigenen Ideen und Erwartungen in die Beziehung einzubringen und diese zu verfeinern, indem im Austausch Ecken und Kanten abgeschleift werden. Dadurch gelingt es auch, die innere und äussere Erfahrungsebene in eine Balance und in ein funktionierendes Gleichgewicht zu bringen. Das Gegenüber fühlt sich angenommen, weil es ernstgenommen wird.

So vermitteln Menschen, die während dieser Mondphase geboren wurden, den Eindruck, sich im Kontakt mit anderen mehr für die Qualitäten des höheren Selbst zu interessieren, als für die allzu materiellen Seiten des Gegenübers. Die Fähigkeit, vom Ego abstrahieren zu können, begünstigt auch eine ausgewogene Haltung des Gebens und Nehmens. Zyklische Prozesse des Werdens und Vergehens verlieren damit einen Teil ihrer Zwanghaftigkeit. Dies kommt auch darüber zum Ausdruck, dass es häufig gelingt, einen abgeklärten Blick auf Vergangenheit, Gegenwart und Zukunft zu werfen.

Wer in dieser Mondphase geboren wurde, verfügt somit über gute Voraussetzungen, um durch Beziehungen in der eigenen Entwicklung voranzukommen. Damit kann ein überdurchschnittlicher Freiheitsgrad einhergehen. Von der Notwendigkeit entbunden, sich mit Haut und Haaren in die Angelegenheiten der Welt zu stürzen, kann eine aus einem grösseren Überblick hervorgehende Hilfsbereitschaft entwickelt werden, die es ermöglicht, für Probleme, an denen sich andere aufreiben, ausgewogene, menschliche Lösungen zu finden. Dazu verhilft eine Kombination aus klarem Geist und Mut, für die eigenen Überzeugungen einzustehen, indem diese bestimmt und unmissverständlich zum Ausdruck gebracht werden. Vertrackte Situationen werden entwirrt und es wird Ordnung geschaffen. Ein gut entwickelter Sinn für Abläufe und für historische Entwicklungen, die bei einer bestimmten Ausgangssituation zu erwarten sind, ermöglichen, die richtigen Entscheidungen zu treffen, indem man sich den erforderlichen Grad an Freiheit bewahrt. Dies gelingt dadurch, dass ein Platz an der Peripherie des Geschehens eingenommen wird, sodass man nicht direkt in die Vorgänge verwickelt wird. Nützliche Lösungen entstehen auch dadurch, dass auf der Suche nach dem Göttlichen im Gegenüber die stattfindenden Entwicklungen auf positive Art

Edward Burne-Jones: «Ein Engel spielt ein Flageolett», 1878 (Sudley House, GB-Liverpool) / masterpieceart.net, public domain, Wikimedia

beeinflusst werden, sodass zuweilen auch in erstarrten Situationen der göttliche Funke, der die Lösung des Problems bringt, überspringen kann.

In dieser Mondphase befinden wir uns im Sonne/Mond-Zyklus an einem Punkt, an welchem Beziehungen und Offenheit anderen gegenüber ein wichtiges Element der eigenen Entwicklungsmöglichkeiten darstellen. Auf diese Weise können wir das Potenzial nutzen, über uns hinauszuwachsen, während eine übermässige Konzentration auf die eigene Person diesen Entwicklungsweg verbauen würde. Die eigenen Anlagen mögen auch über soziale oder künstlerische Tätigkeiten zur Entfaltung kommen, die uns ebenfalls die Möglichkeit geben, auf die Gemeinschaft oder auf etwas Überpersönliches ausgerichtete Neigungen zum Ausdruck zu bringen.

Gegenphasiges Verhalten

Wo viel Licht ist, ist auch Schatten. Gelingt es bei dieser Konstellation nicht, eine adäquate Kommunikation zu entwickeln, droht eine Furcht vor Isolation und es stellen sich Enttäuschungen im Bereich der Liebe und der Beziehungen ein. Statt die Bereitschaft zu pflegen, sich mit anderen auseinanderzusetzen und Beziehungen zu vertiefen, kann dann in einem Heldenkult Zuflucht gesucht werden, über welchen andere aufgrund ihrer Wünsche und Empfindlichkeiten manipuliert und ausgenutzt werden. Der Drang steht dann im Vordergrund, anderen zu zeigen, dass man niemanden braucht. Um diesen Weg über eine längere Zeit zu gehen, muss allerdings über Geld oder gesellschaftlichen Einfluss eine starke Machtbasis aufgebaut werden. Andernfalls führt dieses Verhalten in die Isolation und unfreiwillig dazu, dass man bei anderen doch wieder Zuwendung und Unterstützung suchen muss.

Beispiele

Unter den berühmten Persönlichkeiten mit dieser Konstellation fällt eine grosse Zahl von Schauspielern, Musikern, Schriftstellern und Philosophen auf. Es gibt aber auch Politiker und Sportler, die es dadurch, dass sie einer Vision folgten, recht weit gebracht haben.

Sänger, Musiker, Schriftsteller, Schauspieler und Regisseure

Mariah Carey, US-Sängerin und Schauspielerin (Widder/Skorpion)
Arturo Toscanini, ital. Dirigent (Widder/Skorpion)
James Stewart, US-Schauspieler (Stier/Steinbock)
William Butler Yeats, irischer Dichter und Mystiker (Zwillinge/Wassermann; *Fig. 30,* Bespr. auf S. 74)

Jean de Lafontaine, frz. Dichter und Fabelerzähler (Krebs/Fische)
Ingrid Bergmann, schwed. Schauspielerin (Jungfrau/Widder)
Greta Garbo, schwed.-amerik. Schauspielerin (Jungfrau/Stier)
Oliver Stone, US-Regisseur (Jungfrau/Stier)
Katie Holmes, US-Schauspielerin und Regisseurin (Schütze/Löwe)
Jane Fonda, US-Schauspielerin und politische Aktivistin (Schütze/Löwe)
Stendhal, frz. Schriftsteller (Wassermann/Jungfrau)
Alicia Keys, US-Sängerin (Wassermann/Waage)

Politiker, Sportler, Fürsten und Architekten

Garry Kasparow, russ. Schachweltmeister (Widder/Schütze)
Haakon, Kronzprinz von Norwegen (Krebs/Fische)
Prinz Harry, engl. Monarchie (Jungfrau/Stier)
Wladimir Putin, russ. Präsident (Waage/Zwillinge)
Le Corbusier, Schweizer Architekt (Waage/Zwillinge)
Boris Becker, dt. Tennisspieler (Skorpion/Krebs)
Condoleezza Rice, US-Politikerin, Aussenministerin (Skorpion/Krebs)

Philosophen und geistige Leaderfiguren

Ram Dass (R. Alpert), US-Psychologe und Bewusstseinsforscher (Widder/Schütze)
Jean-Paul Sartre, frz. Philosoph und Schriftsteller (Zwillinge/Wassermann)
Alan Watts, engl. Religionsphilosoph (Steinbock/Jungfrau)

Mondphase 19: Die Schlangenkraft

Diese Mondphase beschreibt eine Mond-Stellung, die 120–110 Grad hinter der Sonne (ab dem abnehmenden Trigon) zu liegen kommt. Bei diesem Typus geht es darum, sich darauf zu besinnen, ob Eigenes im Leben ausreichend zum Zuge gekommen ist, oder bestimmte Erfahrungen nachgeholt werden sollen.

Ein kurzer Rückblick auf den Zyklus zeigt, an welchem Punkt wir uns befinden: In einer ersten Phase bis zum Vollmond ging es darum, etwas aufzubauen und zu entwickeln, um es beim Vollmond zu betrachten und zu integrieren. Danach stand an, die integrierten Inhalte mit anderen zu teilen, indem man sich in Beziehungen einbringt. Nun stellt sich – in Entsprechung zu dem, was bei den Menschen häufig im Alter von 42–44 Jahren passiert – eine Lebensphase ein, die symbolisch dieser Mondphase entspricht, und in welcher die Frage aufgeworfen wird, ob im Leben Ei-

dekihendrik, iStock

Die Schlangenkraft

genes ausreichend zum Zuge gekommen ist oder ein Nachholbedarf besteht. Im übertragenen Sinn legt diese Entsprechung eine Suche nach Dingen nahe, die bisher der eigenen Aufmerksamkeit entgangen sind. Dabei interessiert man sich für die verborgenen Aspekte der Wirklichkeit. Die Zeichenentsprechung dieser Mondphase führt zum ersten Dekanat des Skorpion-Zeichens.

Eine unter dieser Mondphase geborene Persönlichkeit hinterlässt bei den Menschen, denen sie begegnet, einen starken Eindruck, der den Gesprächspartnern dauerhaft in Erinnerung bleibt. Dabei stellt sich allerdings die Frage, welche Art von Wirkung von diesem Menschen ausgeht: Ist diese erhebend und vitalisierend oder wird sie eher als dauerndes Störfeuer wahrgenommen? Hat die Leidenschaft, die gezeigt wird, etwas von einer Passion, die dazu verhilft, Ich-Verhaftung zu überwinden, oder ist die Person ständig mit sich selbst beschäftigt, ohne wirklich über diesen Zustand hinauszukommen?

Die Macht, viel bei anderen auszulösen, kann, je nach dem Gebrauch, der davon gemacht wird, entweder als Gabe erlebt werden oder sich als Belastung herausstellen. Entscheidend ist dabei die Motivation. Helfen den Mitmenschen die Erkenntnisse, die ihnen durch die Detektivtätigkeit der Person zufliessen, um sich freier zu entfalten, oder lösen diese bei anderen ein Bedürfnis aus, sich noch aktiver schützen zu müssen, um ihre Geheimnisse für sich behalten zu können? Ist die Person vom Wunsch beseelt, anderen zur Seite zu stehen, um ihnen zu mehr Freiheit zu verhelfen, oder verspürt sie den Drang, Macht auszuüben, indem sie andere über deren Unzulänglichkeiten aufklärt, auch wenn diese gar nicht danach gefragt haben?

Im Falle einer überpersönlichen Motivation und ausreichender Selbstkontrolle kann die Fähigkeit entwickelt werden, konstruktiv mit kreativen Symbolen und Energien zu arbeiten, die bei anderen viel auslösen. Die Art der Kraft, die von einem von dieser Mondphase geprägten Menschen ausgeht, beschreibt W. B. Yeats folgendermassen:

«Die Kraft der Überzeugung [...] gründet nicht auf gesellschaftlichen Verpflichtungen, auch wenn dies anderen so scheinen mag, sondern sie ist veranlagungsmässig in der Weise ausgeformt, dass damit Krisen des persönlichen Lebens begegnet werden kann. Sein Denken ist extrem wirkungsvoll und dramatisch und seine Gedanken entspringen immer unmittelbaren Situationen, die entweder so vorgefunden oder von ihm erschaffen werden, wobei ihnen als Ausdruck einer aufregenden Persönlichkeit bleibender Wert zukommt.» [13]

Gegenphasiges Verhalten

Beim gegenphasigen Verhalten fehlt die soziale Gesinnung. Yeats dazu:

«Wenn gegenphasig gelebt, kommt es zu einer hasserfüllten oder verachtenden Haltung anderen Menschen gegenüber und es werden, statt dass die Bestätigung für Überzeugungen ihrer selbst willen gesucht wird, Meinungen aufgegriffen, die man versucht, anderen aufzuzwingen.» [14]

Das Problem des gegenphasigen Verhaltens hat damit zu tun, dass die Verantwortung für die Wirkung, die man auf andere ausübt, nicht übernommen wird. So herrscht stattdessen Manipulation vor, ohne dass ein Einstehen für die eigenen Handlungen stattfindet.

Beispiele

Die folgenden Beispiele berühmter Persönlichkeiten zeigen, welche Wirkung durch physische Attraktivität, geschickte Inszenierung, kreative Schaffenskraft oder unbestechlichen Forschergeist erzielt werden kann:

Magier der Macht, deren Begleiter und deren Herausforderer

Bob Woodward, investigativer US-Journalist (Widder/Schütze)
Adolf Hitler, dt. Diktator (Stier/Steinbock)
Melania Trump, US-First Lady (Stier/Steinbock)
Michael Moore, US-Filmemacher, Kritiker der Macht (Stier/Steinbock)

Marc Aurel, röm. Kaiser und Philosoph (Stier/Steinbock)
Vaclav Havel, tschech. Oppositioneller und Staatspräsident (Waage/Zwillinge)

Schauspieler, Sänger, Musiker, Künstler, Sportler, Schriftsteller, Wissenschaftler, Astrologen

Emma Watson, brit. Schauspielerin (Widder/Schütze)
Samuel Beckett, irischer Schriftsteller (Widder/Schütze)
Jehudi Menuhin, US-amerik. Musiker und Dirigent (Stier/Steinbock)
Marilyn Monroe, US-Filmschauspielerin, Sexsymbol (Zwillinge/Wassermann)
Arthur Conan Doyle, brit. Arzt und Schriftsteller, «Sherlock Holmes» (Zwillinge/Wassermann)
Whitney Houston, US-Sängerin und Schauspielerin (Löwe/Widder)
Andy Warhol, US-Künstler (Löwe/Widder)
Alan Leo, brit. Astrologe (Löwe/Widder)
Louis Armstrong, US-Jazzmusiker (Löwe/Widder)
Jürgen Klinsmann, dt. Fussballer und Fussballtrainer (Löwe/Widder)
Brigitte Bardot, frz. Schauspielerin, Sexsymbol (Waage/Zwillinge)
Gwyneth Paltrow, US-Sängerin und Schauspielerin (Waage/Zwillinge)
Brian Ferry, brit. Sänger (Waage/Zwillinge)
Stephen Hawking, brit. Astrophysiker (Steinbock/Jungfrau)
Elizabeth Taylor, brit. Schauspielerin (Fische/Skorpion)

Mondphase 20: Leidenschaft und Vergebung

Diese Phase, die dem zweiten Dekanat des Skorpion-Zeichens entspricht, beschreibt den Mond, wie er in der zweiten Hälfte des Sonne/Mond-Zyklus wieder auf die Sonne zuläuft und von dieser noch 110–100 Grad entfernt ist. Sie beinhaltet das Potenzial, aus einer Vielfalt von Motiven, die die Fantasie vorgibt, sich mit grosser Kraft auf eine Vision zu konzentrieren und diese mit leidenschaftlichem Engagement umzusetzen. Dazu befähigen eine grosse Kreativität, ein visionärer Geist und die Gabe, prägnante Ausdrucksformen zu finden, die ihre Wirkung auf andere nicht verfehlen. Dies geschieht über Bilder und Gleichnisse, die bei den Mitmenschen oder bei einem Publikum einen bleibenden Eindruck hinterlassen. So werden Bilder evoziert, die dem Gegenüber den Eindruck vermitteln, an einer besonderen Handlung oder Darbietung teilzuhaben. Musiker und darbietende Künstler greifen dabei auf Symbole zurück, die beim Zuschauer oder Zuhörer intensive Gefühle und

Erinnerungen an Situationen aus dem eigenen Leben wecken, während Schriftsteller, Philosophen oder Politiker in der Lage sind, die vorherrschenden Themen des Zeitgeistes auf eine Art aufzuarbeiten, die den Leser oder Zuschauer ganz persönlich anspricht, wie wenn sie dessen eigene Geschichte erzählen würden.

Dies hat viel damit zu tun, dass bei Menschen, die in dieser Mondphase geboren wurden, etwas Leidenschaftliches und Instinkthaftes am Werk ist, was beim Gesprächspartner eine starke Beteiligung auslöst. Dabei bringt die Besessenheit und Kompromisslosigkeit des Ausdrucks andere in Kontakt mit den wesentlichen Fragen des Lebens. Allerdings können die intensiven Erinnerungen und Gedanken, die karmischen Situationen zu entspringen scheinen, zu schwer lösbaren Verstrickungen führen. Dabei werden frühere Situationen mit grosser Intensität nochmals ausgetragen, was zu einem bewegten Leben führen kann. Aus der Sicht der in dieser Phase geborenen Person hat das intensive Durchleben anspruchsvoller und teilweise schwieriger Situationen allerdings seinen Sinn, denn es wollen bestimmte Dinge ausgetragen und emotional erfahren werden, statt ein möglichst sorgenfreies Leben zu führen. So kann der Ritt am Rande des Abgrundes zeitweilig faszinieren, bis vielleicht erkannt wird, dass die eigene Bestimmung darin besteht, anderen beim Navigieren durch gefährliche Wasser zur Seite zu stehen. Aus dieser Kombination kann eine besondere Form von Besessenheit hervorgehen, die darauf ausgerichtet ist, in einer religiösen oder therapeutischen Aufgabe andere vor dem Absturz zu retten.

Die anstehenden Reinigungsprozesse laufen über emotionale Aufwallungen und sinnliche Erfahrungen, die um Begierde, Possessivität und Eifersucht kreisen. Es kann sich dabei um einen bewegten Lebenslauf voller Krisen handeln, die dadurch, dass sie durchlebt werden, dazu dienen, Ego-Fixierungen zu überwinden und ein Bewusstsein für das Selbst zu entwickeln. Dabei führt die Seele und nicht der Intellekt die Prozesse an. So kommt es im Kontakt mit der Motivation, sich zu inkarnieren, zu einer ständigen Neubewertung dieses Lebens. Man erfährt sich dabei in einer Rolle, aus welcher heraus sich der Blick einerseits auf die an die Materie bindende Welt der Wünsche, Begierden und Ängste der Vergangenheit und andererseits auf die Sphären überbewussten göttlichen Bewusstseins richtet, aus welchem heraus sich die menschlichen Verstrickungen lösen lassen.

Nach durchgestandenen Krisen winkt die Belohnung in Form einer Fähigkeit zum Loslassen, welche eng mit der Bereitschaft zur Vergebung verbunden ist. Indem man lernt, anderen zu vergeben, bringt man sich selbst in die Lage, eigene Verhaftungen hinter sich zu lassen. Was man bei sich selbst durchgemacht und erlernt hat, kann man dann auch anderen weitergeben und die tiefe Kenntnis der menschlichen Natur, die diese Konstellation vermittelt, befähigt dazu, andere Menschen in Krisen zu unterstützen. Der eingeschlagene Befreiungsweg findet dabei nicht im Alleingang statt, sondern er hängt direkt mit der Erfahrung zusammen, wie sehr wir alle miteinander verbunden sind, und die eigene Erlösung mit jener der uns umgebenden Menschen zusammenhängt.

Wer in dieser Mondphase geboren wurde, sollte sich deshalb nicht wundern, wenn der Versuch, das eigene Leben nach rationalen Kriterien zu gestalten und zu organisieren, zunächst fehlschlägt. Zu verschiedenen Situationen und Bindungen hingezogen, ohne sich und anderen erklären zu können, was mit einem abläuft, fühlt man sich vielmehr im Banne einer seelischen Kraft, die dazu veranlasst, bestimmte Erfahrungen zu machen, deren Bedeutung sich einem vielleicht erst im Nachhinein erschliesst. In diesem Sinne sind die durchgemachten Prozesse, die uns verwandeln und das Potenzial haben, uns für Schlüsselsituationen menschlicher Entwicklung zu sensibilisieren, wichtiger als das, was sich der Kopf an «vernünftigen» Zielen vorgenommen hat. Obwohl wir es vielleicht anders beabsichtigten, machen wir die Erfahrung, dass wir uns nur weiterentwickeln, indem wir lernen, Freude und Schmerz zuzulassen. Auf dem Substrat ständiger Wandlung kann die alldurchdringende Kraft der Liebe Wunder wirken und die Fähigkeit zur Vergebung verhilft zu einem tiefen Verständnis der Lebensprozesse.

Gegenphasiges Verhalten

Die Annahme des Potenzials dieser Mondphase bedeutet, dass wir uns von einer wandlungsfähigen Seite zeigen und bereit sind, nicht nur unsere Stärken anzuerkennen, sondern uns auch unsere Schwächen einzugestehen. Erleben wir jedoch bereits in jungen Jahren, dass wir aufgrund unserer Ausstrahlung und dessen, was wir in anderen Menschen auslösen, auf diese eine starke Wirkung haben, kann die Gefahr bestehen, dass wir abergläubisch werden. Statt zu erkennen, welche entscheidende Rolle bei Erfolgen oder Misserfolgen unsere Haltung spielt, meinen wir, als Auslöser von Freud und Leid, Erfolg oder Pech, es ausschliesslich mit äusseren Kräften zu tun zu haben. Damit werten wir aber unsere eigenen Gestaltungsmöglichkeiten ab und manövrieren uns in eine gefährliche Abhängigkeit. Wir beginnen uns vor Feinden zu fürchten, die uns angeblich schaden wollen, und erschaffen uns eine eigene Welt, in der wir uns vor bösen Mächten fürchten. So projizieren wir unsere eigenen inneren Dämonen nach aussen und geben diesen auf diese Art eine Macht, die sie sonst nie über uns hätten.

Weiterhelfen kann die Erkenntnis, dass wir unsere Welt tatsächlich selbst erschaffen. Ob wir diese als schön oder als bedrohlich erleben, liegt dementsprechend vor allem an uns. Die Bereitschaft loszulassen und die Ausrichtung auf die positiven Entsprechungen des Lebens, kann die Wende bringen.

Beispiele

Die in der Folge aufgeführten Beispiele zeigen Schriftsteller, Musiker und Künstler, die durch die Bewegtheit ihres Lebens und die kompromisslose Art ihres Ausdrucks beeindrucken und erhellende Gleichnisse für die verschiedenen Facetten des menschlichen Werdegangs anbieten. Dazu gehören auch Schauspieler, Politiker, Philosophen oder geistige Führungspersönlichkeiten und Heilige, die für viele Menschen zur Quelle von Inspiration und zum Vorbild wurden.

Maler, Musiker, Sportler, Schauspieler und Schriftsteller

Vincent van Gogh, niederl. Maler (Widder/Schütze)
George Clooney, US-Schauspieler (Stier/Steinbock)
David Beckham, brit. Fussballer (Stier/Steinbock)
Richard Wagner, dt. Komponist (Zwillinge/Wassermann)
Prince, US-Musiker (Zwillinge/Fische)
Hermann Hesse, dt.-schweiz. Schriftsteller und Maler (Krebs/Fische)
Cameron Diaz, US-Schauspielerin (Jungfrau/Stier)
T. S. Eliot, brit. Dichter (Waage/Zwillinge)
Günther Grass, dt. Schriftsteller (Waage/Krebs)
Georges Brassens, frz. Chansonnier (Waage/Krebs)
James Dean, US-Schauspieler (Wassermann/Skorpion)
Sharon Stone, US-Schauspielerin (Fische/Schütze)

Politiker, Philosophen, Historiker, Therapeuten, geistige Leaderfiguren

Daniel Cohn-Bendit, dt.-frz. Publizist und Politiker (Widder/Steinbock)
Wilhelm Reich, österr.-amerik. Psychiater und Körpertherapeut (Widder/Schütze)
Niccolò Machiavelli, ital. Philosoph (Stier/Wassermann)
Oswald Spengler, dt. Kulturhistoriker (Zwillinge/Wassermann)
Mutter Teresa, Ordensschwester und Heilige (Jungfrau/Stier)
Jassir Arafat, Palästinenserführer (Jungfrau/Stier)
Theodore Roosevelt, US-Präsident (Skorpion/Krebs)

Swami Vivekananda, ind. Yogameister (Steinbock/Waage)
Paul Ryan, US-Politiker (Wassermann/Waage)

Mondphase 21: Umbruch und Erneuerung

Diese Phase beschreibt den Mond, der im abnehmenden Sonne/Mond-Zyklus im Abstand von 100 bis 90 Grad hinter der Sonne steht – jene Periode, die kurz vor dem letzten Quadrat zwischen Sonne und Mond stattfindet. In dieser Phase wird die bisherige Ordnung, die sich im Zustand der Krise befindet, als erstes einer schonungslosen Analyse unterzogen. Dadurch, dass die Schwächen des bisherigen Systems, das lange Zeit gut funktionierte, nun aber versagt, aufgedeckt werden, gelingt die resolute Erneuerung, die kraftvoll und dezidiert vorangetrieben wird. Dabei werden die zerfallenden Teile des Alten zum Dünger des Neuen, welches mit umso grösserer Energie implementiert wird. Es kommt zu einer Wende, einem Epochenwechsel im Kleinen oder im Grossen, sei dies im politischen, wissenschaftlichen, gesellschaftlichen oder psychologischen Bereich.

Voraussetzung für die Erneuerung ist das Verständnis dessen, was im überholten bisherigen System nicht mehr funktioniert, das Erkennen auftretender Widersprüche und das Identifizieren von Situationen, die nicht mehr befriedigend erklärt werden können. Auf diese Weise gelingt es, eine erfolgreiche, neue Ordnung zu schaffen. Neue Modelle werden erprobt, die an die Stelle der alten Konstrukte treten. Wird dabei der Zeitgeist getroffen, schliessen sich Menschen in grosser Zahl der neuen Ordnung an, denn sie wirkt inspirierender und erweist sich in der Praxis als erfolgreicher als die alte.

Um Erfolg zu haben, braucht es allerdings die Bereitschaft zum Dialog mit den Vertretern des bisherigen Systems, insbesondere, um die Zweifler, die davon nicht mehr überzeugt sind und sich auf der Suche nach neuen Erklärungen und Argumenten befinden, für sich zu gewinnen. Bei der Erarbeitung eines neuen Modells sollte man nicht primär von intellektuellen Konstrukten ausgehen, sondern auf das setzen, was eine gute Chance hat, sich in der Praxis zu bewähren.

Menschen, die in dieser Mondphase geboren wurden, können, aufgrund ihres durchdringenden Geistes und ihrer Beharrlichkeit, der Welt, in der sie leben, neuen Geist einflössen. Anstatt die Dinge als gegeben zu betrachten und mit dem Strom zu schwimmen, wird die eigene Entwicklung vorangetrieben, indem das Vorhandene als Ausgangsmaterial für die Erschaffung der neuen Strukturen betrachtet wird.

Gegenphasiges Verhalten

Erliegt jemand der Illusion, dass es genügt, die bisherigen gesellschaftlichen Regeln abzulehnen, um sich als originelle Persönlichkeit zu profilieren, ist die Gefahr gross, dass ein Verhalten entwickelt wird, welches den Regeln dieser Mondphase widerspricht. Dann werden mit Vorliebe «heilige Kühe» geschlachtet und man zeichnet sich durch eine Rebellion gegen alles Bestehende aus, bis zum Punkt, an welchem es gar zu einer Umkehrung der Werte kommt: Alles, was den Eindruck von Tugendhaftigkeit erwecken könnte, wird gemieden, um jeden Eindruck von Versöhnlichkeit und Schwäche zu vermeiden. Statt zu einem echten Dämon, wird man dabei allerdings lediglich zu einer Parodie. Je mehr versucht wird, Leidenschaft und raffiniertes Verhalten zum Ausdruck zu bringen, umso lächerlicher und absurder wird die Präsentation. William Butler Yeats dazu:

«In der gegenphasigen Bewegung wird statt der Suche nach Einfachheit, die durch den dominanten konstruktiven Willen zum Ausdruck kommen könnte, eine imaginäre Naivität zum Ausdruck gebracht, die in der Arbeit zu groben Schnitzern führt und in kalkulierten Indiskretionen gipfelt.» [15]

Beispiele

Die in der Folge aufgeführten Beispiele zeigen Wissenschaftler, die neue Modelle entwarfen, Staatsmänner, die dem Geist der Zeit folgend neue Reiche erschufen, sowie Philosophen, Dichter, Schriftsteller und Musiker, die in ihren Werken zum Sprachrohr für einen Geist wurden, der gerade am Entstehen war.

<u>Wissenschaftler, Psychologen, Zukunftsforscher</u>

Erich Fromm, österr.-amerik. Psychoanalytiker (Widder/Schütze)
Arthur Janov, US-Psychologe (Löwe/Stier)
Tycho Brahe, dän. Astronom (Steinbock/Jungfrau)
Jules Verne, frz. Schriftsteller, Zukunftsforscher (Wassermann/Skorpion)
Nikolaus Kopernikus, preuss. Astronom (Fische/Schütze)
Albert Einstein, dt. Physiker (Fische/Schütze)

<u>Staatsmänner und gekrönte Häupter</u>

Al Gore, US-Politiker (Widder/Steinbock)
Karl der Grosse, Kaiser der Franken (Widder/Steinbock)
Otto von Bismarck, dt. Reichskanzler (Widder/Steinbock; *Fig. 23*, Bespr. auf S. 59)
Tony Blair, brit. Premierminister (Stier/Wassermann)

Heinrich VIII., brit. König (Krebs/Widder)
Jacqueline Kennedy Onassis, US-First Lady (Löwe/Widder)
Bill Clinton, US-Präsident (Löwe/Stier)
Winston Churchill, brit. Premierminister (Schütze/Löwe; *Fig. 10,* Bespr. auf S. 35)
Jeanne d'Arc, frz. Nationalheldin (Steinbock/Waage)
Anwar as Sadat, ägypt. Präsident (Steinbock/Waage)
Prinz Andrew, brit. Monarchie (Fische/Skorpion)

Künstler, Sänger, Musiker, Schauspieler, Schriftsteller, Philosophen

Paloma Picasso, span.-frz. Designerin (Widder/Steinbock)
Kanye West, US-Rapper (Zwillinge/Fische)
Blaise Pascal, frz. Mathematiker und Philosoph (Zwillinge/Fische)
Allan Ginsberg, US-Dichter, Beat Generation (Zwillinge/Fische)
Selena Gomez, US-Schauspielerin (Krebs/Widder)
Carla Bruni, ital. Sängerin, frz. First Lady (Steinbock/Jungfrau)
Robbie Williams, brit. Sänger (Wassermann/Skorpion)
Phil Collins, brit. Musiker und Schauspieler (Wassermann/Skorpion)
Luis Buñuel, span.-mex. Regisseur (Fische/Schütze; *Fig. 24,* Bespr. S. 61)

Mondphase 22: Der Karneval des Lebens

Diese Stellung beschreibt im Sonne/Mond-Zyklus die Phase, bei der der Mond, nachdem er soeben das letzte Quadrat mit der Sonne gebildet hat, im Abstand von 90 bis 60 Grad auf diese zuläuft. An diesem Punkt der Entwicklung reichen die Denkmechanismen des Intellekts nicht mehr aus, um dem gerecht zu werden, was ansteht. Vielmehr wendet sich das Individuum der Aussenwelt zu und lässt sich von dieser auf eine Weise bezirzen, wie es dies früher einmal in der Kindheit erlebte. Das vor einem liegende wundersame Mysterium des Lebens will erkundet werden und dazu verhilft neben der Neugierde die Begeisterung für die Vielfalt der Natur, der Kultur und der Möglichkeiten, die dem Menschen zur Verfügung stehen. Um dies zu tun, arbeitet der Verstand allerdings zu rigide und zu langsam, sodass es ihm nicht gelingt, die vielen Querverbindungen zwischen den verschiedenen Bereichen des Lebens herzustellen, was sich im Falle eines offenen Geistes ganz natürlich anbieten würde. An dessen Stelle tritt deshalb die Intuition, die, statt sich an den Begriffen aufzuhalten, mit Symbolen jongliert, und auf diese Weise direkt auf das Wesentliche zusteuert, auf jene Wahrheiten, die man nicht aus Büchern erlernen, sondern subjektiv erfahren muss.

Der Karneval des Lebens

Die Betätigung der Intuition kennzeichnet ein Vorgehen, welches sich an der Methode von «Trial and Error» orientiert. Das, was sich zum vornherein als richtig anfühlt, wird ausprobiert und diesem Schritt folgt ein Überprüfen der Stimmigkeit des Vorgehens, bevor die nächsten Vorstösse definiert werden. Auf diese Weise lernt man, der eigenen Intuition zu trauen, indem man sich bewusst wird, wo deren Grenzen liegen.

Menschen, die in dieser Phase geboren wurden, stürzen sich mit Freude in das bunte Maskenspiel des Lebens, indem sie in die ihnen passende Rolle schlüpfen, um aus der dadurch gebotenen Perspektive ihre Erfahrungen zu machen. Dabei dämmert ihnen sehr bald, dass es nicht die eine Wahrheit gibt, die sie von Autoritätspersonen übernehmen oder durch Denkarbeit am Schreibtisch aushecken können, sondern eine Vielfalt verschiedener Erfahrungen auf sie wartet. Diese lassen sich aber nur integrieren, wenn wir, ähnlich einem Schauspieler, aber mit ganzer Überzeugung, die Rolle, die wir ausgesucht haben, möglichst gut spielen und entsprechend auskosten. Dabei gibt es einen Teil in uns, der dem Spiel des Lebens amüsiert zuschaut und dieses in eine übergeordnete Perspektive einreiht – ein Prozess, der auch darüber ablaufen kann, dass wir in unserer Lebensspanne verschiedene Phasen durchschreiten, aus welchen heraus sich unterschiedliche Sichtweisen der Realität ergeben.

So passt es zu dieser Mondphase, dass wir ein aktiver Teilnehmer im gesellschaftlichen und kulturellen Leben unserer Gemeinschaft werden, wobei gleichzeitig in uns ein Denker, ein Philosoph und ein Erneuerer steckt, der Sichtweisen ausheckt und vorantreibt, welche sich am Potenzial und an der Zukunft orientieren.

Gegenphasiges Verhalten

In die verschiedenen Rollen zu schlüpfen, die uns das Leben anbietet, kann Spass machen, so lange wir flexibel genug sind. Mit der Zeit kann es jedoch sein, dass der Verstand uns dazu drängt, die Kontrolle über unser Leben zu übernehmen, damit wir uns nicht zu sehr den Umständen ausgesetzt fühlen. Aufgrund ausgeprägter denkerischer Fähigkeiten haben wir die uns umgebende Welt weitgehend kartographiert und ein intellektuelles System entwickelt, das uns ermöglicht, in einem gewissen Masse in unserem Leben Ordnung zu schaffen. Damit entsteht hinsichtlich der Zukunft aber gleichzeitig eine Leere, die der Verstand durch neue Eindrücke zu füllen sucht. Er bleibt jedoch unzufrieden, weil das, was in dieser Mondphase ansteht, mit dem Denken nicht zu bewerkstelligen ist. Gegenphasig ist damit die Neigung, alles immer wieder zu analysieren, wodurch das Fällen von Entscheidungen hinausgezögert wird, bis es zu spät ist, weil sich die anderen angesichts unserer Unentschlossenheit und unserem Mangel an Engagement vielleicht bereits entschieden haben. Dies führt zu Gefühlen der Frustration, denn es besteht bei dieser Stellung die Gefahr, dass man sich selbst sein grösster Feind ist. Die Lösung liegt in einer Umkehr, die darauf ausmündet, dass wir darauf verzichten, ständige Diskussionen zu führen und andere mit Worten zu manipulieren. Indem wir lernen, Dinge aus Überzeugung zu tun, ohne gleich nach gefällter Entscheidung alles wieder infrage stellen zu wollen, machen wir einen wichtigen Schritt in eine lohnende Zukunft. Letztlich geht es darum zu erkennen, dass die wesentlichen Lebensfragen sich nicht durch den Verstand klären lassen.

Beispiele

Suche nach neuen Horizonten, Sinnsuche

Leonardo da Vinci, ital. Universalgenie (Stier/Fische)
C. G. Jung, Schweizer Psychologe (Löwe/Stier)
Aldous Huxley, brit. Zukunftsforscher und Schriftsteller (Löwe/Stier)
Annie Besant, brit. Theosophin (Waage/Krebs)
Juri Gagarin, sowj. Kosmonaut (Fische/Schütze)

Die grosse Bühne: Politiker, Fürsten, Schauspieler, Unternehmer, Sänger, Lehrer

Napoleon III., frz. Kaiser (Widder/Wassermann)
Wladimir Lenin, sowj. Revolutionär und Staatschef (Stier/Wassermann)
Uma Thurman, US-Schauspielerin (Stier/Wassermann)
Orson Welles, US-Schauspieler und Regisseur (Stier/Wassermann)
Königin Maxima, niederl. Königin (Stier/Wassermann)
Che Guevara, marx. Revolutionär (Stier/Fische)
Angelina Jolie, US-Schauspielerin (Zwillinge/Widder)
Monica Lewinsky, US-amerik. Praktikantin, «Monicagate» (Löwe/Stier)
Mick Jagger, brit. Sänger und Musiker (Löwe/Stier)
Barack Obama, US-Präsident (Löwe/Zwillinge)
Jennifer Lawrence, US-Schauspielerin (Löwe/Zwillinge)
Claudia Schiffer, dt. Model und Unternehmerin (Jungfrau/Zwillinge)
Julio Iglesias, span. Sänger (Jungfrau/Krebs)
Marion Cotillard, frz. Schauspielerin (Waage/Krebs)
Catherine Deneuve, frz. Schauspielerin (Waage/Löwe)
David Cameron, brit. Premierminister (Waage/Löwe)
Leo Trotzky, sowj. Revolutionär (Skorpion/Löwe)
Julia Roberts, US-Schauspielerin (Skorpion/Löwe)
Jodie Foster, US-Schauspielerin und Regisseurin (Skorpion/Jungfrau)
Humphrey Bogart, US-Schauspieler (Steinbock/Waage)
Caroline von Hannover, monegass. Fürstin (Wassermann/Skorpion)
Bob Marley, jamaik. Reggaesänger (Wassermann/Skorpion)
Wilhelm II., dt. Kaiser (Wassermann/Skorpion)
Jennifer Aniston, US-Schauspielerin (Wassermann/Schütze)
Oprah Winfrey, US-Talkmasterin (Wassermann/Schütze)
R. T. Erdogan, türk. Präsident (Fische/Schütze)
Albert von Monaco, monegass. Fürst (Fische/Steinbock)

Künstler, Schriftsteller, Sportler

Max Ernst, dt. Maler (Widder/Steinbock)
Ayrton Senna, bras. Autorennfahrer (Widder/Steinbock)
André Agassi, US-Tennisspieler (Stier/Wassermann)
Alexandre Dumas, frz. Schriftsteller (Löwe/Stier)
Oscar Wilde, brit. Schriftsteller (Waage/Löwe)
André Malraux, frz. Schriftsteller (Skorpion/Löwe)

Walt Disney, US-Trickfilmzeichner und Filmproduzent (Schütze/Waage)
Charles Dickens, brit. Schriftsteller (Wassermann/Schütze)
Anaïs Nin, US-Schriftstellerin (Fische/Steinbock)
Niki Lauda, österr. Autorennfahrer, Unternehmer (Fische/Steinbock)

Mondphase 23: Selbstdisziplin und Realitätssinn

«Mit Hilfe der äusseren Welt, die nun zum ersten Mal um ihrer selbst willen studiert und gemeistert wird, muss der Intellekt von allen Beweggründen befreit werden, die auf persönlichen Wünschen und Begierden beruhen. Wir müssen jeden Gedanken zum Schweigen bringen, der darauf abzielt, die Welt in ein System zu zwingen, indem wir etwas tun, nicht weil wir es wünschen oder weil wir es sollten, sondern weil wir es können ...» [16]

Diese Mondphase beschreibt im abnehmenden Sonne/Mond-Zyklus den Mond, der sich im Abstand von 60 bis 50 Grad wieder der Sonne nähert. An diesem Punkt der Entwicklung wird ein starkes Bedürfnis verspürt, sich wieder realen Dingen zuzuwenden und ein Gespür dafür zu entwickeln, was in der konkreten Wirklichkeit funktioniert, oder aber einer Theorie entspringt, die im Ernstfall versagt.

Die Standortbestimmung beginnt bei uns selbst und es stellt sich die Frage, welche Weltsicht uns hilft, unsere eigene Situation zu meistern. Dies fängt an beim eigenen Körper, unserer Familie und der Gesellschaft, in der wir leben. Dabei werden laufend Fakten gesammelt, welche die eigene Analyse stützen. Dies geschieht, indem der Akzent auf das gelegt wird, was sich im Konkreten bewährt. Schliesslich wird erkannt, dass sich jene Formeln am besten anwenden und erfolgreich herüberbringen lassen, die klar, einfach und bildhaft sind. Damit kann man auch andere Menschen begeistern und für die eigenen Konzepte mobilisieren. Die Klarheit in der Sache unterstützt eine gute Koordinations- und Organisationsfähigkeit. Sie motiviert auch dazu, Verantwortung zu übernehmen, was Menschen mit dieser Stellung im Blut liegt. Schritt für Schritt wird ein Ziel nach dem anderen angegangen und erreicht. Da wir dabei keinem Herrn verpflichtet sind und nicht unter dem Druck stehen, irgendwelche Mitbewerber zu überbieten und auch keine Ego-Wünsche zu befriedigen haben, sind wir in der Lage, auf Neuland vorzustossen und Zusammenhänge zu entdecken, die konventionelleren und traditioneller orientierten Menschen verschlossen bleiben.

Die Qualitäten und Werte alter Traditionen werden zwar beansprucht, aber sie werden nur für das eingesetzt, was für die Bewältigung der gegenwärtigen Situation erforderlich ist. Im künstlerischen Bereich kann man damit eine neue Form des Malens entwickeln, im geschäftlichen Bereich zu neuen Methoden greifen, die effizienter sind als die bisher verwendeten, während im wissenschaftlichen Bereich Entdeckungen gemacht werden, die für die menschliche Gesellschaft einen neuen Nutzen bringen. Im Falle von Schule und Erziehung werden Wege gefunden, die der gegenwärtigen Zeit weit besser angepasst sind als die bisherigen Methoden. Was rein intellektuelles Vorgehen nicht in der Lage ist, realitätsnah vorzuschlagen, wird durch die Konzentration der Aufmerksamkeit auf das, was in der Praxis funktioniert, erreicht. In der Politik kann dies bedeuten, dass ein neues System entwickelt wird, welches dazu führt, dass alte Parteien, die an ihren Sitzungen ihr Programm Jahr für

Selbstdisziplin und Realitätssinn

Kasimir Malewitsch: «Der Holzfäller», 1912 (Stedelijk Museum, NL-Amsterdam) / www.stedelijk.nl, public domain, Wikimedia

Jahr emotionslos herunterleiern, bis es niemanden mehr interessiert, im Regen zurückgelassen werden.

In dieser Mondphase ist am Anfang häufig eine gewisse Trägheit zu überwinden. Sobald sich das Rad jedoch zu drehen beginnt, kommen die Dinge in Gang, und die entwickelte Methodik beginnt zu greifen. Vieles läuft von nun an ganz automatisch ab und generiert Erfolg, jedenfalls so lange, als eine überpersönliche, auf die Gemeinschaft ausgerichtete Haltung praktiziert wird.

Menschen, die in dieser Mondphase geboren wurden, zeigen meist ein starkes Bedürfnis, durch Effizienz zu punkten und durch Rückgriff auf ihre Fähigkeiten das «Rad des Lebens» in Gang zu halten und das Funktionieren der menschlichen Gesellschaft durch ihre Selbstdisziplin und ihre Arbeitsleistung zu unterstützen. Persönlichen Gefühlen gegenüber eher misstrauisch eingestellt, können sie viel Empathie zeigen, wenn es darum geht, Leid zu lindern, indem sie Ratschläge erteilen und bei Lösungsansätzen selbst mit anpacken. Meist verrät ihnen ihre reiche Erfahrung auch, was zu tun ist, um den Karren, der steckengeblieben ist, wieder flott zu machen. Indem sie sich mit Freude den kleinen Details des Lebens zuwenden, wissend, dass sich in diesen das Ganze widerspiegelt, treiben sie ihre Entwicklung voran. Dabei halten sie mehr davon zu handeln, als lange herumzudiskutieren.

Gegenphasiges Verhalten

Wenn die bei dieser Mondphase geforderte, überpersönliche Haltung zu kurz kommt und subjektive Gefühle und Bedürfnisse überhand nehmen, bleiben die oben beschriebenen Erfolge häufig aus. In diesem Fall kann das Gefühl hochkommen, im Leben schlecht weggekommen zu sein. Frustrationen vergiften das Klima und es wird zu intransparentem, verdecktem Vorgehen gegriffen, um in einem als feindlich oder zumindest als kompetitiv erlebten Umfeld das voranzutreiben, wovon man das Gefühl hat, zu wenig erhalten zu haben. Eine solche Entwicklung geht meist mit einer Haltung der Selbstbemitleidung einher.

Beispiele

Zu dieser Mondphase gehören Wissenschaftler und Erfinder, die der Welt neue Annehmlichkeiten, wie Thomas Edison mit der Glühbirne, oder fundamental neue Erkenntnisse, wie Werner Heisenberg mit der sogenannten «Unschärferelation», brachten. Als Künstler und Schriftsteller sind der französische Maler Henri de Toulouse-Lautrec und der amerikanische Schriftsteller Henry Miller zu erwähnen, die sich beide durch ein Leben als Bohémien in der Pariser Rotlichtszene und daraus hervorgehenden Gemälden bzw. literarischen Werken einen Namen machten. Dabei trug insbesondere Miller durch seinen sehr offenen Umgang mit der zu jener Zeit tabuisierten Sexualität zur Öffnung bei, die die 1970er-Jahre prägte. Die Fähigkeit, durch Disziplin und Bewusstsein mit körperlichen Schwächen umzugehen, demonstrierte der Psychiater Milton Erickson, der seine eigene Kinderlähmung überwand und das erarbeitete Wissen über Körper/Seele-Prozesse als Psychiater dazu nutzte, schwierige Patienten durch die von ihm mitentwickelte Methode der Hypnotherapie in Trance zu versetzen und zu heilen. Politiker, die in dieser Mondphase geboren wurden, zeichnen sich, wie die Beispiele von Benito Mussolini und Margaret Thatcher zeigen, durch eine entschlossene und radikale Art zu politisieren aus, die in Zeiten der Krise des Staates bei vielen Menschen Anklang findet.

Diverse

Wolfgang Pauli, österr. Physiker und Nobelpreisträger, «Synchronizitätsprinzip» (Stier/Fische)
Benito Mussolini, ital. Diktator (Löwe/Zwillinge)
Marc Edmund Jones, US-Schriftsteller und Astrologe (Waage/Löwe)
Margaret Thatcher, brit. Premierministerin (Waage/Löwe)
George Patton, US-General (Skorpion/Steinbock)
Werner Heisenberg, dt. Physiker (Schütze/Waage)
Henri de Toulouse-Lautrec, frz. Maler (Schütze/Waage)
Milton Erickson, US-Psychiater und Hypnotherapeut (Schütze/Waage)
Liv Ullmann, norw. Schauspielerin und Regisseurin (Schütze/Waage)
Henry Miller, US-Schriftsteller (Steinbock/Skorpion)
Kevin Costner, US-Schauspieler und Regisseur (Steinbock/Schütze)
Aristoteles Onassis, griech. Reeder (Steinbock/Schütze)
Thomas Edison, US-Erfinder und Unternehmer (Wassermann/Schütze)
Juliette Binoche, frz. Schauspielerin (Fische/Steinbock)

Mondphase 24: Die Welt als magischer Ausdruck innerer Bilder

Diese Mondphase beschreibt den Mond, der im abwärts gerichteten Sonne/Mond-Zyklus wieder auf die Sonne zuläuft und im Abstand von 50 bis 40 Grad hinter dieser steht. Sie charakterisiert eine Person, die in ihrer Kindheit im intensiven Kontakt mit einer magischen Welt der Bilder steht. Dabei verbinden sich Traumwelt und Wirklichkeit in einer

Die Welt als magischer Ausdruck innerer Bilder

Paul Klee: «Landschaft mit gelben Vögeln», 1923 (Privatbesitz) / aus: Grohmann, «Paul Klee», Wikimedia

Weise, die die Fantasie in starkem Masse anregt. Eine intensiv wahrgenommene innere Welt der Archetypen wird auf die Aussenwelt projiziert, welche dadurch in intensiven Farben und Formen erscheint.

Mit dem Heranwachsen fällt es weder leicht, die wahrgenommenen, lebendigen Bilder der inneren Welt, die über eine grosse Kraft verfügen, hinter sich zu lassen, um sich der pragmatischen Wirklichkeit der Erwachsenen zuzuwenden, noch diese Bilder hinüberzuretten, um ihnen eine konkrete Ausdrucksform zu geben. Am ehesten gelingt dies über eine künstlerische oder in anderer Weise kreative Tätigkeit, die mit einer gewissen Narrenfreiheit verbunden ist. Andernfalls müssen viele der lebhaften unbewussten Inhalte verdrängt werden, insbesondere wenn sie mit gesellschaftlich nicht zulässigen sexuellen Formen des Ausdrucks in Zusammenhang stehen. Dies geschieht unter dem Druck, ansonsten nicht den Ruf eines ordentlichen und akzeptierten Mitglieds der Gesellschaft aufrechterhalten zu können. Durch den Verdrängungsdruck geht jedoch die kreative Vision verloren und es bleibt von der als beflügelnd erlebten Vergangenheit bloss eine Erinnerung an eine schönere und intensivere virtuelle Welt zurück.

Elemente davon können zwar im privaten Rahmen über stürmische und leidenschaftliche Beziehungen evoziert werden und es kann auch gelingen, einiges davon in einer Tätigkeit mit Menschen in der Projektion zu erleben. Am überzeugendsten ist es allerdings, wenn man sich selbst über eine schöpferische Tätigkeit zum Ausdruck bringen kann, die es ermöglicht, aus dem vorhandenen, reichen inneren Fundus zu schöpfen und nach aussen zum Ausdruck zu bringen. Dies begünstigt künstlerische, musikalische, literarische und schauspielerische Ausdrucksformen, die zum Kanal werden für die Inszenierung von Bildern einer bewegten inneren Welt.

Wer in dieser Mondphase geboren wurde, sollte sich deshalb nicht wundern, wenn er sich von einer Vision angetrieben fühlt, die etwas anderes und Lebendigeres an die Stelle einer normierten, materialistischen Welt setzen will. So können wir in dieser Phase durch unser Verhalten und die Art, wie wir uns geben, vielleicht eine kulturelle oder historische Tradition zum Ausdruck bringen, die nicht ganz zu dieser Welt gehört, sondern woanders angesiedelt ist. Vielleicht stellen wir uns auch ganz instinktiv und aus einem inneren Antrieb heraus gegen die bestehende Weltordnung, ziehen diese in Zweifel und haben gar Spass daran, sie zu unterminieren. Die Auseinandersetzung zwischen der eigenen Welt sowie den Werten, die diese ausmacht, und den vorgefundenen gesellschaftlichen Rollenmodellen, kann aber auch höchst kreativ zum Ausdruck kommen, indem wir uns mit der Funktion identifizieren, die uns dabei zukommt, nämlich die Gesellschaft zu verändern.

Gegenphasiges Verhalten

Verfolgt jemand unter dieser Mondphase persönlich geprägte Zielsetzungen, besteht die Gefahr einer Tendenz, diese sehr selbstgerecht durchzusetzen, indem die Anstrengungen anderer gnadenlos kritisiert werden. Dies ist eine Haltung, die jedoch in die Isolation führen kann und dazu veranlassen mag, die Gesellschaft der anderen erneut zu suchen, indem soziale Verantwortung übernommen wird. W. B. Yeats dazu:

«Phasenverschoben kommt es, falls Emotionen gesucht, statt dass überpersönliche Handlungen ausgeführt werden – in Anbetracht der Tatsache, dass Verlangen nicht möglich ist – zu Selbstbemitleidung und damit Unzufriedenheit mit Menschen und Umständen, dies in Verbindung mit einem überwältigenden Gefühl von Einsamkeit und Verlassenwerdens. Jede Kri-

tik wird übelgenommen und kleinliche persönliche Vorrechte wie auch Vorlieben, besonders wenn sie mit Gewohnheit und Position einhergehen, werden gewalttätig durchgesetzt, während den Rechten und Vorlieben anderer mit grosser Gleichgültigkeit begegnet wird. Dies führt zum Bürokraten oder zum Meister der Satire, ein Tyrann, welcher weder zur Einsicht noch zum Zögern fähig ist.» [17]

Beispiele

Die in der Folge aufgeführten Beispiele zeigen Persönlichkeiten, die durch ihre Kreativität, ihren Mut, aber auch ihre Begabung, neue Akzente gesetzt haben, oder heute noch setzen, um Menschen darin zu unterstützen, einen eigenen Weg jenseits der Konventionen zu gehen. So finden wir unter den Künstlern, Musikern und Schriftstellern die bekannten Malerinnen und Maler Frida Kahlo, Georges Braque und Salvador Dalí; die Musiker Wolfgang Amadeus Mozart, Shirley Bassey, Justin Timberlake, Charles Mingus; die Dichter, Autoren und Schriftsteller Oscar Wilde und Friedrich Dürrenmatt. In grosser Zahl fallen darunter auch profilierte Regisseure und Schauspieler wie Steven Spielberg, Meryl Streep, Isabella Rossellini und Sean Penn.

Zu den Politikern und Staatsmännern gehören Mahatma Gandhi sowie George Washington und es ist interessant zu sehen, dass auch einige namhafte Astrologen zu dieser Mondphase zählen, wie Nostradamus, Alexandre Volguine und Louis de Wohl. Letzterer versuchte zu Beginn des Zweiten Weltkrieges im Auftrag des britischen Geheimdienstes herauszufinden, auf welche astrologischen Ratschläge die Nazis bei der Planung ihrer Aktionen setzen könnten.

Künstler, Fotografen, Musiker und Schriftsteller

Salvador Dalí, span. Maler (Stier/Widder)
Georges Braque, frz. Maler (Stier/Widder)
Charles Mingus, US-Jazzmusiker (Stier/Wassermann)
Frida Kahlo, mex. Künstlerin (Krebs/Stier)
Henri Cartier-Bresson, frz. Fotograf (Löwe/Krebs)
Leo Ferré, frz. Chansonnier (Jungfrau/Krebs)
Oscar Wilder, brit. Schriftsteller (Waage/Löwe)
Shirley Bassey, brit. Sängerin (Steinbock/Skorpion)
Friedrich Dürrenmatt, Schweizer Schriftsteller und Dramatiker (Steinbock/Schütze)
Wolfgang Amadeus Mozart, österr. Komponist (Wassermann/Schütze)
Justin Timberlake, US-Musiker (Wassermann/Schütze)

Regisseure, Filmschauspieler, Abenteurer und Sportler

Isabella Rosselini, ital. Schauspielerin (Zwillinge/Stier)
Rafael Nadal, Tennis-Champion (Zwillinge/Stier)
Meryl Streep, US-Schauspielerin (Krebs/Stier)
Sean Penn, US-Schauspieler und Regisseur (Löwe/Krebs)
Steven Spielberg, US-Regisseur (Schütze/Skorpion)
Charles Lindbergh, US-Flugpionier (Wassermann/Schütze)

Politiker und Staatsmänner

Mahatma Gandhi, ind. Revolutionär und Pazifist (Waage/Löwe)
George Washington, 1. US-Präsident (Fische/Steinbock)

Astrologen

Nostradamus, frz. Prophet und Astrologe (Steinbock/Skorpion)
Louis de Wohl, brit. Astrologe (Wassermann/Schütze)
Alexandre Volguine, frz. Astrologe (Fische/Widder)

Mondphase 25: Der/Die grosse Lehrer/in

Diese Phase beschreibt den Mond, der im abwärts gerichteten Sonne/Mond-Zyklus wieder auf die Sonne zuläuft und im Abstand von 40 bis 30 Grad hinter dieser steht. In der Entwicklung des Sonne/Mond-Zyklus entspricht diese Mondphase dem Abschluss eines Erkenntnisprozesses, im Rahmen welchen die verschiedensten Erfahrungen gesammelt wurden, und nun der Weg nach innen erneut angetreten werden kann. Private Bedürfnisse treten in den Hintergrund und das Interesse richtet sich auf allgemeine menschliche Belange, was dazu befähigt, eine grosse Wirkung auf Gruppen und auf ein geneigtes Publikum auszuüben. Ein Ausdruck, der vom Herzen ausgeht und bei welchem der Intellekt lediglich dazu befähigt, besser zu planen und sich rhetorisch gezielter zu äussern, verfehlt seine Wirkung nicht. Damit kann ein starker Antrieb einhergehen, die Menschen und die Welt zu verbessern.

Im optimalen Fall verbindet sich die von der solaren Kraft befeuerte äussere Wirkung mit der lunaren, inneren Empfänglichkeit auf eine Weise, dass Durchsetzung und Empathie eine solide, Vertrauen erweckende Synthese eingehen. Die Rückverbindung zur universellen Lebenskraft ermöglicht es, in jedem einzelnen Teil den Ausdruck des Ganzen zu sehen, und das Wechselspiel von Licht und Schatten zu überblicken. Dazu trägt der Erfahrungsschatz der Vergangenheit bei. Auf diesem reichen Fundus beruht auch die Fähigkeit, die verschiedenen Facetten des Menschseins zu verstehen, indem die im Aussen zu beobachtenden, im

Der grosse Lehrer

Rollenverhalten der Menschen sichtbar werdenden Archetypen, an eigene frühere Erlebnisse in diesem oder einem anderen Leben anknüpfen.

Wer in dieser Mondphase geboren wurde, hat die Möglichkeit, mit wachsender Lebenserfahrung zum Kern der Situationen, denen im Aussen begegnet wird, vorzustossen, indem er, über das Spektrum persönlicher Vorteile hinausgehend, mit der Essenz der Geschehnisse in Kontakt tritt. Aus dieser Haltung heraus findet er die richtigen Worte, um auch grössere Gruppen von Menschen anzusprechen, indem beispielhaft an jene emotionalen Bindungen und Werte angeknüpft wird, die eine Gesellschaft zusammenhalten. Indem jeder sich auf seine Art berührt fühlt, sind die Menschen bereit, ihre Energien für ein gemeinsames Werk zusammenzulegen.

Gegenphasiges Verhalten

Die Mondphase 25 geht mit einigen Anforderungen einher. Fehlt es an der Bereitschaft, eine auf die Gemeinschaft ausgerichtete, überpersönliche Haltung einzunehmen, und rebelliert das Ego, weil es meint, zu kurz zu kommen, sind verschiedene Entwicklungen denkbar: Einerseits kann man einem Messias-Komplex anheimfallen, eine Situation, die dann zu beobachten ist, wenn das, was mit scheinbar grosser Überzeugung gepredigt wird, vor allem dazu dient, die eigene Profilierung voranzutreiben. In einem solchen Fall geht es nicht um die Sache und jeder Einwand, jede Kritik werden als persönliche Beleidigung empfunden. Andererseits kann die Haltung um sich greifen, dass die persönlichen Opfer, die im Zusammenhang mit dem beträchtlichen eigenen Einsatz erbracht werden, dazu berechtigen, die Menschen, auf die man einwirken will, als Manövriermasse und Steigbügel für den eigenen Erfolg zu betrachten. Mit der Zeit dämmert in beiden Fällen den Gesprächspartnern und bisherigen Anhängern, dass es dem Betreffenden vor allem um sein eigenes Wohl geht. Früher oder später führt dies zum Sturz aus einer vielleicht vielbeachteten Position und zu einem schwer zu ertragenden Gefühl der Vereinsamung.

Beispiele

Die in der Folge aufgeführten Beispiele zeigen Philosophen, Dichter, Schriftsteller, Musiker, Künstler, Schauspieler sowie Könige und Politiker. Viele überzeugen durch ihren Lebenslauf, während andere aufgrund persönlicher Schwächen und mangelnder Selbstdisziplin einen Knick in ihrer Karriere erlebten. Zu den wohl allgemein überzeugenden Beispielen gehören der bengalische Dichter, Philosoph, Maler und Musiker Rabindranath Tagore, der von 1861 bis 1941 lebte und dem 1913 der Nobelpreis in Literatur verliehen wurde. Ohne den gleichen Ruhm erlangt zu haben, aber ähnlich vielfältig in seiner Ausrichtung und produktiv in seinem Lebenswerk, war der in Frankreich geborene, später in den USA als humanistischer Astrologe bekannt gewordene Dane Rudhyar, der zugleich Künstler, Musiker und Schriftsteller war. Er lebte von 1895 bis 1985 und wurde zu einem der inspirierendsten und respektiertesten Astrologen des 20. Jahrhunderts.

Zu den überzeugenden Beispielen gehören ebenfalls Ludwig Wittgenstein, einem der bedeutendsten Philosophen des 20. Jahrhunderts und für viele der wichtigste seit Kant, sowie der französische Autor Jean Racine, der als der berühmteste Dramatiker des Landes betrachtet wird. Auch der französische Sonnenkönig, Ludwig XIV., wurde in dieser Phase geboren, wobei der Spruch, den man ihm zuschreibt: «Der Staat bin ich», nicht in jeder Hinsicht der Haltung entspricht, die wir uns für diese Mondphase wünschen würden. Zu den negativen Beispielen gehören andererseits der Schauspieler Gerard Depardieu und der Politiker Dominique Strauss-Kahn.

Philosophen, Schriftsteller, Musiker, Künstler, Schauspieler, Models und Publizisten

Nena, dt. Popsängerin (Widder/Fische)
Hugh Hefner, US-Publizist, «Playboy» (Widder/Fische)
Ludwig Wittgenstein, österr. Philosoph (Stier/Fische)
Stevie Wonder, US-Popsänger (Stier/Widder)
Rabindranath Tagore, ind. Philosoph und Dichter (Stier/Widder)
Ernst Kirchner, dt. Maler (Stier/Widder)
Roman Polanski, poln.-amerik. Regisseur (Löwe/Krebs)
Daniela Katzenberger, dt. Model (Waage/Jungfrau)
Leonardo di Caprio, US-Schauspieler (Skorpion/Waage)
Dave Brubeck, US-Jazzmusiker (Schütze/Skorpion)
Uri Geller, israel. Mentalist/Zauberkünstler (Schütze/Skorpion)
Hector Berlioz, frz. Komponist (Schütze/Skorpion)
Jean Racine, frz. Dramatiker (Steinbock/Skorpion)
Gerard Depardieu, frz. Schauspieler (Steinbock/Skorpion)
Mia Farrow, US-Schauspielerin (Wassermann/Steinbock)
Piet Mondrian, niederl. Maler (Fische/Wassermann)
Balthus, poln.-dt.-frz. Maler (Fische/Wassermann)

Politiker, Könige, Astrologen

Dane Rudhyar, frz.-amerik. Astrologe (Widder/Wassermann)
Dominique Strauss-Kahn, frz. Politiker (Stier/Widder)
Ludwig XIV., frz. König (Jungfrau/Löwe)

Mondphase 26: Der Einzelgänger und Freak

Diese Phase beschreibt den Mond, wie er sich im abwärts gerichteten Sonne/Mond-Zyklus bis auf 30–20 Grad wieder der Sonne annähert – eine Konstellation, die sich rund 2 ½ – 1 ½ Tage vor dem Neumond ereignet. Analog dem Wassermann-Zeichen und dem Planeten Uranus, macht diese Mondphase dazu geneigt, sich von einer originellen und exzentrischen Seite zu zeigen. Der Wahrheit verpflichtet, ist der Drang zur Eigenwilligkeit sehr gross, denn diese fungiert gleichzeitig als Schutz davor, von der Gesellschaft und ihren Konventionen vereinnahmt zu werden. Es ist auch das Bedürfnis vorhanden, mit der Vergangenheit zu brechen, um die Freiheit zu haben, völlig neue Wege zu gehen und die Möglichkeiten einer individuellen Verwirklichung voll auszukosten.

Auf dem Weg, der vor einem liegt, gibt es keine Fixpunkte, ausser dem Glauben und dem Vertrauen, der Wahrheit verpflichtet zu sein, indem man ihrem Licht folgt. Dies setzt die Möglichkeit voraus, aufgrund persönlicher Wahrnehmung und Entscheidung an jeder nächsten Weggabelung neu zu entscheiden, wohin die Reise führen soll. Dies ist natürlich einfacher, wenn man mit leichtem Gepäck unterwegs ist, denn man kann dann schneller sich bietende Gelegenheiten und Chancen nutzen, ohne von der Trägheit dessen, was man mitzieht, gebremst zu werden. Man muss sich allerdings damit abfinden, dass die Umgebung Mühe hat mit der Unvorhersehbarkeit der von einem ausgehenden Handlungen, sodass man als Einzelgänger und Freak abgestempelt wird. Dies schafft jedoch gleichzeitig die Freiheit, anders zu sein, wobei diese Unabhängigkeit wieder eine Einschränkung erfährt, wenn daraus ein Muss wird. Das Extreme einer solchen Entwicklung kann sich steigern, wenn man sich am Rande der Gesellschaft bewegt und aufgrund einer losgelösten und zugleich kritischen Betrachtung vor allem das sieht, was in der Gesellschaft nicht funktioniert. Das kann bis zum Punkt gehen, an welchem die bestehenden Regeln der menschlichen Gemeinschaft als Konglomerat willkürlicher und naturfremder Entscheidungen und Vereinbarungen wahrgenommen werden und vielleicht gar als repressives System, welches dazu dient, die Menschen in Angst zu halten und dadurch gefügig zu machen. Umso naheliegender ist es, daraus die Bestätigung dafür abzuleiten, zu Recht auf einem eigenen Weg unterwegs zu sein, da dieser als einziger ermöglicht, sich den Zwängen zu entziehen, denen die Masse durch gesellschaftliche Vorschriften und Konventionen sowie durch die Konsumzwänge des modernen Marketing ausgesetzt ist.

Im Gegensatz dazu schwebt einem eine Gemeinschaftsform vor, die auf Freiheit, Gleichheit und individuelle Verwirklichung ausgerichtet und der Wahrheit verpflichtet ist. An der Entstehung einer solchen neuen Gesellschaft beteiligt zu sein, erscheint als das einzige gültige Ziel, das sich mit Engagement verfolgen lässt. Dazu braucht es jedoch Beweglichkeit und es gehört auch dazu, möglichst wenig bindende Verpflichtungen einzugehen, die die Ausübung der eigenen Entscheidungsfreiheit beeinträchtigen könnten. Diese Haltung kann sich auch auf Beruf und Beziehungen auswirken. So steht der Drang im Vordergrund, stets Neues zu lernen, damit die eigene Entwicklung befeuert wird, während in Beziehungen der gemeinsam gegangene Weg so lange seine Berechtigung hat, wie man sich gegenseitig etwas zu geben und zu sagen hat, das die persönliche Entfaltung unterstützt. Am vielversprechendsten erscheint dabei die Verbindung mit jemandem, der ähnlich denkt und ähnliche Ziele verfolgt, wodurch sich dann zwei Rebellen zusammenfinden, die beide der Gesellschaft gegenüber ihre ganz eigenen Vorbehalte haben.

Im optimalen Fall versteht man es, aus vergangenen Erfahrungen die Quintessenz mitzunehmen, was es ermöglicht, neue Situationen, denen begegnet wird, blitzschnell einzuschätzen und daraus weitere Erkenntnisse herzuleiten, die sich schliesslich zu einem ganz eigenen System zusammenfügen lassen.

Auch wenn der Entwicklungsweg in dieser Mondphase ein ganz individueller ist und die Treue zu sich selbst und zu dem, was als Wahrheit betrachtet wird, im Vordergrund steht, ist die Möglichkeit gegeben, sich über die besonderen Fähigkeiten, die man ausbildet, wieder auf die Gesellschaft zuzubewegen. Dies geschieht in vielen Fällen über einen ungewöhnlichen Beruf und über die Chancen, die sich für einen Freigeist in Zeiten des Umbruchs ergeben, wenn traditionelle Ansätze nicht mehr greifen.

Um mit dieser Mondphase verbunden zu bleiben, ist es wichtig, in wichtigen Dingen des Lebens der eigenen Intuition zu folgen und zu akzeptieren, dass man auf einem ganz eigenen Weg unterwegs ist und damit bestimmte Chancen, aber auch einige Herausforderungen verbunden sind. Die Chancen, die dabei winken, sind die Möglichkeit, ein selbstbestimmtes, kreatives Leben zu führen. Dazu braucht man jedoch die Gelegenheit, sich das erforderliche Wissen und die entsprechenden Fähigkeiten anzueignen, was in vielen Fällen darüber geschieht, dass man einiges von anderen lernt. So besteht eine wichtige Herausforderung darin zu realisieren, dass von anderen etwas anzunehmen nicht bedeutet, dass man sich damit anpasst und die eigene Persönlichkeit negiert. Dies betrifft auch das Eingehen von Beziehungen. Indem realisiert wird, dass zu jemandem Ja zu sagen nicht bedeuten muss, dass dies für immer zu gelten hat, sondern Ausstiegsmöglichkeiten stets gegeben sind, wird auch diese Klippe umschifft.

So bedeutet eine optimale Entfaltung, dass man nicht nur die Möglichkeit hat, im eigenen Leben einen unverwechselbaren, individuellen Weg zu gehen, sondern auch – unter anderem aufgrund der besonderen Fähigkeiten, die man zur Entfaltung bringt – für andere zur Quelle von Inspiration und zum Beispiel für persönliche Selbstverwirklichung wird.

Gegenphasiges Verhalten

Weniger positiv fällt die Entwicklung aus, wenn man sich die Kritik der anderen am eigenen Lebensstil übermässig zu Herzen nimmt und sich dafür abwertet, nicht die gleichen Bedürfnisse zu haben, wie der Durchschnitt der Menschen um einen herum. Ebenso wenig hilfreich ist es, wenn der Spiess umgedreht und die eigene Eigenwilligkeit derart herausgestrichen wird, dass man sich nur noch von einer rebellischen Seite zeigen und hilfreich gemeinte Brückenschläge vonseiten anderer in Bausch und Bogen verwirft. In diesem Fall geht jeglicher Humor verloren und es wird einem Automatismus gefolgt, der daran hindert, Unterstützung und positive Gefühle, die von aussen kommen, anzunehmen. Dann bleibt aber auch die Anerkennung aus, die aufgrund der besonderen Fähigkeiten zutiefst gewünscht wird. Wird man auf diese Weise sich selbst zum grössten Feind, steigt die Neigung, der Welt die Schuld für das eigene Versagen zu geben und sich als Opfer der Böswilligkeit der anderen zu fühlen.

Beispiele

Die in der Folge aufgeführten Beispiele von Künstlern, Musikern, Schriftstellern und Philosophen, Regisseuren und Schauspielern, Politikern und Unternehmern inspirieren durch ihre Originalität, ihren kompromisslosen Lebensweg und die Unverwechselbarkeit ihrer Botschaften andere Menschen und muntern dazu auf, sich neue Gedanken über den eigenen Lebensweg und zentrale Themen des Lebens zu machen.

Unter den Künstlern figurieren das Universalgenie Michelangelo, der Bildhauer Alberto Giacometti und der unverwechselbare H. R. Giger. Zu den Musikern dieser Mondphase gehören der Komponist Claude Debussy, die Sänger Neil Diamond und Joe Cocker sowie die Künstlerin und Sängerin Björk.

Eigenwillig und originell sind auch die Dichter, Philosophen, Theologen, spirituellen Lehrer, Schauspieler, Regisseure und Politiker dieser Mondphase, eine Charakterisierung, die ebenfalls auf die restlichen Persönlichkeiten unserer Liste zutrifft.

Künstler, Musiker, Sänger

Joe Cocker, brit. Sänger (Stier)
Claude Debussy, frz. Komponist (Löwe/Krebs)
Alberto Giacometti, Schweizer Bildhauer (Waage/Jungfrau)
Björk, isl. Künstlerin und Sängerin (Skorpion)
Bette Midler, US-Sängerin und Entertainerin (Schütze/Skorpion)
Neil Diamond, US-Sänger und Songwriter (Wassermann/Steinbock)
H. R. Giger, Schweizer Künstler (Wassermann/Steinbock)
Michelangelo, ital. Universalgenie (Fische)

Dichter, Philosophen, Theologen und spirituelle Lehrer

Deepak Chopra, ind.-amerik. spiritueller Lehrer (Waage/Jungfrau)
Arthur Rimbaud, frz. Dichter (Waage)
Umberto Eco, ital. Schriftsteller und Philosoph (Steinbock/Schütze)
August Strindberg, schwed. Schriftsteller und Dramatiker (Wassermann/Steinbock)
Hans Küng, Schweizer Theologe (Fische/Wassermann)

Regisseure, Schauspieler, Politiker, Adlige, Unternehmer und Sportler

Cate Blanchett, austr. Schauspielerin (Stier/Widder)
Malcolm X, US-Menschenrechtsaktivist (Stier/Widder)
Lionel Messi, argent. Fussballtalent (Krebs/Zwillinge)
Charlotte Casiraghi, Tochter von Caroline von Monaco (Löwe/Krebs)
Lina Wertmüller, ital. Regisseurin (Löwe)
Ted Turner, US-Medienpionier, «CNN» (Skorpion/Waage)
Abraham Lincoln, US-Präsident (Wassermann/Steinbock)

Mondphase 27: Der/Die Heilige

Diese Phase beschreibt den Mond, wie er sich im abwärts gerichteten, der Konjunktion zustrebenden Sonne/Mond-Zyklus im Abstand zwischen 20 und 10 Grad hinter der Sonne befindet. In dieser Phase, die 1–1 ½ Tage vor dem Neumond stattfindet, ist der Zyklus schon sehr weit fortgeschritten und er strebt mit der Konjunktion der Einheit und der Aufhebung der Gegensätze zu. Dies legt ein Bewusstsein nahe, gemäss welchem Glück und Zufriedenheit durch Vereinigung der Gegensätze in einem selbst zu finden sind. Die Wanderjahre sind vorbei und es winkt die Einladung, sich an einem schönen Ort niederzulassen, an welchem in stiller Kontemplation ein neues Bewusstsein entwickelt werden kann.

Von der zyklischen Entwicklung her liegt die Phase der grossen Errungenschaften und des unaufhörlichen Strebens nach mehr weit zurück. Nach einem Heraustreten aus der Einheit, die der Zyklusbeginn nach der Konjunktion vor rund 28 Tagen verkörpert, steht man nun vor dem Start eines neuen Zyklus, der 1–1 ½ Tage nach der Geburt beginnt. Damit ist das Bewusstsein auf die Summe der Erkenntnisse gerichtet, die im Verlauf des nun zu Ende gehenden Zyklus gesammelt werden konnten, und der Blick richtet sich in dieser Übergangsphase bereits darauf, dass bald etwas Neues seinen Anfang nehmen wird. Vom alten Zyklus lässt sich die Essenz wesentlicher Erfahrungen mitnehmen und diese ist hilfreich, um mit Überblick und Weisheit auf die Vorgänge des Lebens zu blicken, sowohl jene, die in der Vergangenheit stattfanden, wie auch die Entwicklungen, die in der Zukunft anstehen.

So handelt es sich bei dieser Station des Sonne/Mond-Zyklus um eine recht mystische Phase, in welcher der Wunsch nach Frieden und Einheit vorherrscht, was häufig über das Verfolgen einer versöhnlichen inneren Vision stattfindet. In dieser werden die Gegensätze der materiellen Welt, die uns in Form von Licht und Schatten begegnen, überwunden, indem der Blick auf die zeitlose Energie gerichtet wird, die den in Raum und Zeit entstehenden konkreten Formen zugrunde liegt. Nahe dabei angesiedelt ist das Zeitlose der Seele, die nicht in Raum und Zeit gefangen und in diesem Sinne auch nicht Geburt und Tod unterworfen ist. Durch eine auf die Ewigkeit gerichtete Aufmerksamkeit löst sich auch die Angst vor dem Herausfallen aus der Einheit auf und das Bewusstsein der Unsterblichkeit der Seele überwindet die Furcht vor der Vergänglichkeit des Ichs.

Die Heilige

Menschen, die in dieser Mondphase geboren wurden, haben die Möglichkeit, zu den verschiedenen Erfahrungen, die sie in ihrem Leben machten, positive wie auch negative, eine abgeklärte Haltung einzunehmen, indem sie den Zusammenhang erkennen, dass Freud und Leid, Geburt und Tod der gleichen Quelle entspringen, ähnlich wie jede Münze zwei Seiten hat, die jedoch zusammengehören.

Inwieweit das Augenmerk auf die Freude oder das Leid gerichtet wird, hängt von persönlichen Entscheidungen ab, ebenso wie der Blick, der generell auf das Leben gerichtet wird. An der Schwelle zwischen Ego und Selbst kann man sich für das Vergängliche, das stetigen Fluktuationen unterworfen ist, oder für das Beständige entscheiden, ebenso wie man sein Augenmerk vorwiegend auf die persönlichen Wünsche und Bedürfnisse oder auf das Zeitlose richten kann.

Indem im Laufe des Lebens gelernt wird, die positiven und lichten Erfahrungen höher zu bewerten als die negativen und dunklen, schafft man in zunehmendem Masse den Übergang zu einem Bewusstsein, das sich am Ganzen und nicht am Teil und am Vergänglichen orientiert. Damit kann man sich in der Qualität des Selbstes verankern und ist aus dieser Warte in der Lage, die Handlungen des eigenen Ego ebenso zu beobachten und kritisch zu sichten, wie man dies mit den Verhaltensweisen anderer Menschen tut. Dies vermittelt eine Weisheit, die in die Lage versetzt, die Ausdrucksweise des Göttlichen in den verschiedensten Manifestationsebenen wahrzunehmen.

Aus der entsprechenden Warte erscheinen die Welt des Ichs und dessen Motivationen lediglich als abgespaltenes Teil, dessen Bedeutung sich erst aus der Betrachtung des Ganzen sinnvoll einordnen lässt. Aus diesem Erleben kann die Erkenntnis hervorgehen, Bürger zweier Welten zu sein:

Auf der einen Seite der Welt des harmonischen Ganzen und Ungeteilten, in welchem Frieden und Einsicht herrscht, und auf der anderen Seite der Welt der Gegensätze, in welcher Licht und Schatten, Helles und Dunkles unweigerlich immer wieder aufeinanderprallen.

Auch wenn wir an der letztgenannten Welt teilhaben und uns dieser nicht entziehen können, gibt uns das Bewusstsein, auch in der Einheit und in der Harmonie verankert zu sein, die Möglichkeit, äussere Geschehnisse nicht nur stimmiger einzuschätzen, sondern zum grossen Teil auch deren Verlauf in Richtung einer harmonischen Entwicklung zu steuern und mitzugestalten. Dadurch, dass wir uns nicht nur in der Welt unseres Ichs bewegen, sondern Zugang haben zu jener des Selbstes, können wir auch einen grossen Einfluss auf andere Menschen haben, die uns als Sprachrohr ihrer eigenen Bestrebungen nach Befreiung aus materieller Verhaftung erleben und von unseren Worten auf sehr tiefgründige Art berührt werden. Die Verbindung, die wir dabei mit anderen herstellen, fusst auf dem gemeinsamen Erlebnis universellen Bewusstseins.

Gegenphasiges Verhalten

Wo viel Licht ist, ist auch Schatten. Um diese Mondphase gemäss ihrem Potenzial zu leben, brauchen wir einen grossen Freiheitsgrad, und dies bedeutet, dass sich unser Lebenslauf nicht in der Erledigung einer endlosen Folge von Verpflichtungen erschöpfen sollte. Wir brauchen Zeit für uns und für periodische Rückzugsphasen, damit unsere Seele die Musse findet, um wieder ins Lot zu kommen und auf kreative Weise neue Verbindungen zwischen den Dingen zu entdecken.

Haben wir jedoch zu wenig Zeit für eigene Prozesse oder fühlen wir uns zu Aktivitäten hingezogen, die uns nicht entsprechen, droht Unzufriedenheit. Dann kann es sein, dass wir diese dadurch kompensieren, dass wir uns mit geistigen Errungenschaften brüsten und das Bedürfnis verspüren, die Mitwelt darauf aufmerksam zu machen, wie wir vieles besser können als andere. Statt sich bescheiden und demütig zu geben, zeigen wir Überheblichkeit und Ich-Bezogenheit. Statt mit Dankbarkeit für die Erkenntnisse, die uns zufliessen, fallen wir durch ein unübersehbares Streben auf, stets im Zentrum zu stehen. Da dieses Verhalten jedoch nicht dem Geist dieser Phase entspricht, sondern eine Kompensation darstellt, ist es im Allgemeinen nicht lange aufrechtzuerhalten, ohne dass sich empfindliche Nachteile einstellen. Unsere Situation hat in diesem Fall Ähnlichkeiten mit dem Paradoxon, «sich durch den Willen in den Zustand des Nichtwollens zu bringen», oder der Erkenntnis, dass man persönliche Erlösung nicht «wollen» kann, sondern diese sich, wenn überhaupt, erst dann einstellt, wenn wir darauf verzichten, diese zu «wollen».

Beispiele

Die in der Folge aufgeführten Beispiele von Dichtern, Schriftstellern, Esoterikern, Philosophen, Musikern, Schauspielern und Forschern sowie anderen öffentlichen Figuren zeigen zum grossen Teil eine Neigung, besondere Ansichten zu vertreten und Theorien zu entwickeln, die im Widerspruch zu jenen des Mainstream stehen.

Unter den Dichtern, Schriftstellern, Esoterikern, Religionswissenschaftlern und Philosophen, die ganz neue Sichtweisen eingebracht haben, figurieren der deutsche Philosoph Immanuel Kant, der die Aufklärung befördert und das westliche Denken grundlegend erneuert hat, der österreichische Schriftsteller Franz Kafka, der in der Literatur einen neuen Stil schuf, der amerikanische Schriftsteller und Naturphilosoph Henry David Thoreau, der griechisch-armenische Esoteriker und spirituelle Leader Georges I. Gurdjieff und der rumänische Religionswissenschaftler und Philosoph Mircea Eliade, der sich ganz besonders mit den indischen Religionen befasst hat. Unter den Musikern figurieren der Dichter, Songwriter und Sänger Bob Dylan, der Komponist Ludwig van Beethoven und die US-Sängerin Roberta Flack.

Zu den Schauspielern dieser Mondphase gehören: Anthony Perkins, Halle Berry, Anthony Hopkins und James Dean. Forscher dieser Mondphase sind Elisabeth Kübler-Ross und Niels Bohr. Daneben gibt es eine ganze Reihe verschiedener Persönlichkeiten, die sich auf andere Weise profilierten, wie die französische Kaiserin Eugénie, die durch die Heirat mit Napoléon III. bekannt wurde, und die Herzogin Camilla, die durch die Beziehung mit Prinz Charles zu Ansehen kam. Zu den Revolutionären dieser Mondphase gehören Maximilien Robespierre und Giuseppe Garibaldi.

Dichter, Philosophen, Religionswissenschaftler und spirituelle Lehrer

Immanuel Kant, dt. Philosoph (Stier/Widder)
Henry David Thoreau, US-Schriftsteller und Naturphilosoph (Krebs)
Franz Kafka, österr. Schriftsteller (Krebs/Zwillinge)
Georges I. Gurdjieff, spirit. Lehrer (Steinbock)
Mircea Eliade, rumän. Religionswissenschaftler (Fische)

Musiker, Künstler, Sänger, Schauspieler, Sportler

Anthony Perkins, US-Schauspieler (Widder/Fische)
Bob Dylan, US-Sänger und Songwriter (Zwillinge/Stier)
Ludwig van Beethoven, dt. Komponist (Schütze)
Anthony Hopkins, brit. Schauspieler (Steinbock/Schütze)
Tiger Woods, US-Golfchampion (Steinbock/Schütze)
Henri Matisse, frz. Maler (Steinbock/Schütze)
James Dean, US-Schauspieler (Wassermann)
Roberta Flack, US-Sängerin (Wassermann)

Forscher und Wissenschaftler

Elisabeth Kübler-Ross, schweiz.-amerik. Sterbeforscherin (Krebs)
Niels Bohr, dän. Physiker und Nobelpreisträger (Waage)

Politiker, gekrönte Häupter und Revolutionäre

Impératrice Eugénie, frz. Kaiserin (Stier/Widder)
Maximilien Robespierre, frz. Revolutionär (Stier/Widder)
Giuseppe Garibaldi, ital. Freiheitsheld (Krebs/Zwillinge)
Camilla, brit. Herzogin (Krebs)
Herbert Hoover, US-Präsident (Löwe)

Mondphase 28: Der/Die Prophet/in

Diese Phase beschreibt den Mond, wie er sich im abwärts gerichteten, der Konjunktion mit der Sonne zustrebenden Sonne/Mond-Zyklus im

Der Prophet

«Erkundung des Himmels», 1647 (Bibliotheque Nationale, F-Paris) / public domain, Wikimedia

Abstand von noch maximal 10 Grad hinter der Sonne befindet. In dieser Phase, die am gleichen Tag oder höchstens einen Tag vor dem Neumond stattfindet, ist der bisherige Zyklus an sein Ende gelangt und er strebt mit der Konjunktion der Einheit und der Aufhebung der Gegensätze zu. Menschen, die in dieser Phase geboren wurden, sind wie ein Same, den es in entfernte Erde verweht hat. Dabei kommt die Essenz und das, was von früheren Inkarnationen zurückbleibt, mit in dieses Leben. Diese Erinnerungen prägen das Bewusstsein dessen, was als Nächstes zum Erblühen kommen soll. Dazu braucht es jedoch einen fruchtbaren Boden. Ansonsten zersetzt sich der Same, ohne zu einer neuen Pflanze zu führen.

In dieser Phase kann sich das Individuum nicht vom Leben, das es umgibt, abgrenzen. In einer Endphase der Entfaltung geboren, wird es Zeuge des Untergangs der alten Ordnung und spürt, wie damit der Boden für etwas Neues vorbereitet wird. Die Veränderungen betreffen alle Lebensbereiche. So lösen sich auch persönliche Ziele durch die Gegebenheit neuer Situationen auf. In keiner anderen Mondphase ist das Bewusstsein so stark, sich in einer Periode tiefgreifender Veränderungen zu befinden. So beschäftigt sich das Individuum mit besonderer Dringlichkeit mit der Frage, woher es kommt und wohin die Reise als nächstes führt.

Um in dieser Phase zu leben, braucht es weder ausgereifte Pläne, noch den drängenden Willen, etwas zu erreichen. Vielmehr geht es darum, offen zu sein für die Hinweise, die das Neue ankündigen. Dazu verhilft auch ein tiefes Verständnis der Gesetzmässigkeiten des Lebens und der Reaktionsweisen der Menschen. Das Ergebnis dieser Haltung kann sowohl eine tiefe Menschlichkeit sein, als auch eine grosse Neugierde und ein waches Bewusstsein für die verspürten Anzeichen tiefgreifender Wandlungen. Es ist gut zu wissen, dass man sich in einem Energiefeld befindet, das ständig neue Formen hervorbringt, diese aber lediglich Vorboten dessen sind, was sich später abzeichnen wird. In dieser Situation können wir das Vorhandene geniessen, ohne uns jedoch darauf abzustützen. Andererseits wissen wir, dass wir alle miteinander verbunden sind und dies vermittelt uns Kraft, auch wenn es schwer fällt, mit Überzeugung persönliche Ziele zu entwerfen. Vielmehr fühlen wir uns in den Kreislauf der Natur eingebunden und dies hilft uns zu verstehen, warum wir uns zwecks Orientierung nicht an die Vorgaben unseres Ego halten können. Vielmehr werden wir darin unterstützt, unsere gegenwärtige Rolle und unsere Fixierungen zu relativieren, denn es wird uns klar, dass unserer heutigen Rolle andere vorausgingen und künftige folgen werden.

So kann hinter diesem Erlebnis von Formen und Strukturen, die unvermittelt in andere übergehen, der Fokus sich immer mehr auf unsere Seele und deren Weg durch dieses und andere Leben richten. Schliesslich ist es bloss noch ein kleiner Schritt, bis wir die Struktur der äusseren Wirklichkeit lediglich als Endprodukt interner Prozesse betrachten, indem die äusseren Formen sehr bald von neuen abgelöst werden.

In einer solchen Periode des permanenten Übergangs suchen wir nach Zyklen, die uns ein Abbild von dem vermitteln, was vor sich geht. Entsprechungen finden wir in den grossen Rhythmen der Geschichte, der Wirtschaft, der Weltanschauungen und der menschlichen Evolution und dies hilft uns zu verstehen, wann und in welcher Weise wir tätig werden sollten. Zu gewissen Zeiten ist dafür wenig Bedarf, denn die Dinge nehmen einen ruhigen Verlauf. Zu anderen Zeiten verschiebt sich aber das Gleichgewicht der Kräfte, und man ist gut beraten, wenn man in der Lage ist zu erkennen, welche Keime des Neuen sich in der allgemeinen Unordnung ankündigen. In solchen Momenten ist es verlockend, sämtliche Erkenntnisse, die wir über längere Zeit gesammelt haben, in unsere Betrachtung der Dinge einfliessen zu lassen und ratlosen Mitmenschen, die von den Entwicklungen überrascht werden, das Licht unserer Vision anzubieten. Die Tatsache, dass wir uns schon früher, als für andere alles noch normal schien, in einer Zeit des Übergangs fühlten, und vielleicht schon damals den Eindruck hatten, uns auf Treibsand zu bewegen, hilft uns jetzt, die neue Situation durch klare und einprägsame Bilder zu charakterisieren, für die unsere Mitmenschen nun empfänglich sind.

Wer in dieser Mondphase geboren wurde, dürfte in seinem Leben bereits einige Male erfahren haben, wie Projekte, die er aus egoistischem Antrieb verfolgte, um sich zu bereichern oder persönliche Macht und Ruhm zu erlangen, scheiterten. Beschäftigte er sich jedoch mit den Geheimnissen des Lebens, um Gesetzmässigkeiten herauszufinden, oder stellte er sich im Verbund und solidarisch mit anderen gegen gesellschaftliche oder politische Entwicklungen, konnte er eine besondere Genugtuung erleben, die wohl mit dem Eindruck zu tun hatte, seine Erkenntnisse in die Tat umzusetzen und dazu beitragen zu können, dass Entwicklungen, die für die Menschheit negativ sind, vorgebeugt wird. Diese Erlebnisse haben damit zu tun, dass in Zeiten, in denen sich egoistische Ziele auflösen, die dadurch frei werdenden, nun richtungslosen Energien, sich in Projekten bündeln lassen, die die Menschheit voranbringen. Ursache für den Zerfall von Egostrukturen sind meist Übertreibungen einer Gesellschaft, die keine die Menschen verbindende Leitlinien mehr verfolgt, sodass sich ein Widerwille breitmacht, sich nach dem Belohnungssystem dieser Gesellschaft auszurichten. Da man als in dieser Mondphase Geborene/r dem allgemeinen Treiben bereits schon früher kritisch gegenüberstand, findet man seine Bestätigung, wenn das schon zuvor als morsch erkannte System zusammenbricht. Zu diesem Zeitpunkt hat man aufgrund der Gedanken zum Geschehen, die man sich schon früher machte, einen guten Überblick über das Wesen der stattfindenden Entwicklungen, was die Möglichkeit schafft, sich als Propheten zu betätigen, der seine Mitmenschen nicht nur warnt, sondern tatkräftig dazu beiträgt, dem bevorstehenden Schaden vorzubeugen.

In der positiven Entsprechung ist diese Mondphase die beste Spielwiese, um eine überpersönliche und philosophische Haltung den Dingen des Lebens gegenüber einzunehmen. Sie bietet auch die beste Voraussetzung, um den Schritt in die nächste Inkarnation zu tun. Erstaunlich ist dabei, welche Altersweisheit schon junge Menschen dieser Mondphase mitbringen.

Gegenphasiges Verhalten

Es gibt in dieser Phase aber auch Menschen, die das Alte und Überholte nicht loslassen können und wütend sind, weil sie das Gefühl haben, eine lohnendere Existenz mit persönlichen Erfolgen sei ihnen verwehrt worden. Gebannt von der Angst vor Armut und Tod, halten sie an Statussymbolen wie Geld, Macht und Prestige fest, Dinge, auf die in dieser Mondphase jedoch kein Verlass ist. Kurz vor ihrem Tod müssen sie dann vielleicht feststellen, dass sie auf das falsche Pferd gesetzt haben. Dies entspricht häufig der Endphase eines destruktiven Verhaltens. W. B. Yeats zu dieser Mondphase:

«Im schlimmsten Fall gehorchen seine Hände, seine Füsse und seine Augen, sein Wille und seine Gefühle dunklen, unbewussten Fantasien, während er im besten Fall die Summe der Weisheit auf sich vereinigen würde, vorausgesetzt, er könnte von sich behaupten, überhaupt etwas mit Sicherheit zu wissen […]. *Dies ist eine übernatürliche Inkarnation,* […] *denn es besteht vollständige Objektivität, während menschliches Leben nie ganz objektiv sein kann.»* [18]

Beispiele

Die in der Folge aufgeführten Beispiele von berühmten Persönlichkeiten dieser Mondphase zeigen meist spezielle Begabungen, einen ungewöhnlichen Lebensweg, einen Umbruchsgeist, eine grosse Fantasie, alternative Sichtweisen oder mystische Neigungen.

Dies betrifft mit Widderbetonung: Samuel Hahnemann, der als deutscher Arzt die Homöopathie begründet, Reshad Feild, der vielgelesene Bücher zum Sufismus schreibt und Brigitte Macron, die sich als 39-jährige, beliebte französische Lehrerin anlässlich der Veranstaltung von Theateraufführungen im Jesuitenkollegium, in dem sie tätig ist, in den 15-jährigen, begabten Emmanuel verliebt, der später, mit ihr an der Seite, französischer Präsident wird. Zu den Stierbetonten gehört der deutsche Philosoph, Ökonom und Gesellschaftstheoretiker Karl Marx, der das System des Kapitalismus infrage stellt und zur Inspiration für ein neues, kommunistisches Gesellschaftssystem wird, sowie die US-Autorin und Dichterin Jane Roberts, die dadurch bekannt wird, dass sie als spirituelles Medium in Trancesitzungen die Mitteilungen von «Seth» aufnimmt und der Welt weitergibt. In zehn Büchern wird bereits ab Ende der 1970er-Jahre geschildert, wie Zeit und Raum Illusionen sind, wir gleichzeitig verschiedene Leben führen und in parallelen Universen zuhause sind. Ebenfalls vom Zeichen Stier geprägt, vermittelt der deutsche Dichter und Philosoph der Frühromantik, Novalis, eine mystische Weltsicht. Bewegung in die feste Ordnung bringt der Künstler Jean Tinguely, mit dem Mond in Stier, kurz vor der Sonne in Zwillinge, indem er bewegliche Kunstobjekte entwirft und sich im Rahmen des «Nouveau Réalisme» mit besonderer Aufmerksamkeit Themen wie Vergänglichkeit und Tod widmet. Einen Kampf gegen die bestehende Ordnung führt der chilenische Dichter, Schriftsteller und Nobelpreisträger Pablo Neruda, mit dem Mond kurz vor der Sonne im Krebs-Zeichen, indem er sich gegen den Faschismus wendet. Dem Löwebetonten Kaiser Franz Joseph I. (Sonne und Mond in Löwe) kommt andererseits die Rolle zu, mit seinem Tod, nach 68 Jahren auf dem Thron, das Habsburger Kaiserreich zu Grabe zu tragen.

Erste Risse in das Gefüge des kommunistischen Ostblocks fügt der polnische Solidarnosc-Gewerkschaftsführer Lech Walesa, als doppelte Waage, dem System zu. Als weitere doppelte Waage bleibt uns, mit differenzierten Charakterdarstellungen, der italienische Schauspieler Marcello Mastroianni als Darsteller einer etwas dekadenten Welt und künstlerisches Alter Ego seines Lieblingsregisseurs Federico Fellini, in dessen Filmen er häufig die Hauptrolle spielt, in Erinnerung. Bezeichnenderweise ist auch Fellini, mit dem Mond kurz vor der Sonne im Steinbock-Zeichen, als legendärer italienischer Regisseur und Filmemacher in dieser Mondphase geboren.

Diverse

Marlon Brando, US-Schauspieler (Widder; *Fig. 29,* Bespr. S. 70)
Brigitte Macron, frz. First Lady (Widder)
Samuel Hahnemann, dt. Homöopath (Widder)
Reshad Feild, brit. Schriftsteller und Mystiker (Widder)
Karl Marx, dt. Ökonom und Philosoph (Stier; *Fig. 27,* Bespr. S. 68)
Jane Roberts, US-Autorin und Dichterin (Stier; *Fig. 26,* Bespr. S. 66)
Novalis, dt. Dichter und Philosoph (Stier)
Jean Tinguely, Schweizer Künstler (Zwillinge/Stier)
Steffi Graf, dt. Tennisspielerin (Zwillinge)
Salman Rushdie, ind.-brit. Schriftsteller (Zwillinge)

Charlotte Gainsbourg, frz. Schauspielerin (Krebs)
Giorgio Armani, ital. Designer (Krebs)
Pablo Neruda, chilen. Dichter und Schriftsteller (Krebs)
Jacques Delors, frz. Europapolitiker (Krebs)
Steve Forbes, US-Geschäftsmann und Verleger (Krebs)
Cecil Rhodes, brit. Politiker, «Rhodesien» (Krebs)
Kaiser Franz Joseph I., letzter habsburg. Kaiser (Löwe; *Fig. 28,* Bespr. auf S. 69)
Jean Piaget, Schweizer Biologe und Entwicklungspsychologe (Löwe)
Charlize Theron, südafrik.-US-Schauspielerin (Löwe)
Reinhold Messmer, Südtiroler Extrembergsteiger (Jungfrau)
William Faulkner, US-Schriftsteller (Waage/Jungfrau)
Benjamin Netanyahu, israel. Premierminister (Waage)
Marcello Mastroianni, ital. Schauspieler (Waage)
Lech Walesa, poln. Gewerkschaftsführer (Waage)
Arthur Schlesinger, US-Historiker (Waage)
Donna Karan, US-Modeschöpferin (Waage)
François Mitterrand, frz. Präsident (Skorpion/Waage)
Whoopi Goldberg, US-Schauspielerin (Skorpion)
Kim Wilde, brit. Popsängerin (Skorpion)
Miley Cyrus, US-Schauspielerin (Schütze/Skorpion)
Scarlett Johansson, US-Schauspielerin (Schütze/Skorpion)
Norbert Wiener, US-Mathematiker, Begründer der Kybernetik (Schütze/Skorpion)
Federico Fellini, ital. Regisseur (Steinbock)
Matteo Renzi, ital. Premierminister (Steinbock)
William James, US-Psychologe und Philosoph (Steinbock)
Havelock Ellis, brit. Sexualforscher (Wassermann)
Königin Beatrix, niederl. Monarchin (Wassermann)
François Truffaut, frz. Regisseur (Wassermann)
Nikolai Rimsky-Korsakow, russ. Komponist (Fische)
Enrico Caruso, ital. Opernsänger (Fische)

Gibt es im Leben eine Abfolge der Mondphasen?

Im früheren Kapitel, «Gibt es bei den Mondphasen einen Orb?», wurde anhand von einigen Beispielen die Frage aufgeworfen, bei welcher Gradzahl des Abstandes zwischen Sonne und Mond im Achtersystem der Mondphasen die nächste Mondphase beginnt. Dabei wurde vorgeschlagen, bei den Hauptaspekten zwischen Sonne und Mond, wie Konjunktion und Opposition, schon 3 Grad vor dem exakten Aspekt eine kombinierte Wirkung der bisherigen und der nächsten Mondphase zu berücksichtigen, während bei den Zwischenphasen des Halbquadrats, des Quadrats und des Anderthalbquadrats lediglich 2 Grad für diesen kombinierten Bereich veranschlagt wurde.

Solche Überlegungen lassen sich grundsätzlich auch für das 28-Mondphasen-System für die Konjunktion, die Opposition und die beiden Quadrate anstellen. Der Autor des Buches MOON PHASES – A SYMBOLIC KEY, Martin Goldsmith,[9] macht im Umgang mit den 28 Mondphasen noch einen weiteren Vorschlag: Grundsätzlich ist er der Meinung, dass viele Menschen im Laufe ihres Lebens von einer Mondphase zur nächsten progredieren. Zwar werde die Hauptdynamik der Person durch die Mondphase der Geburt am zuverlässigsten dargestellt, es sei aber eine Tendenz vorhanden, mit dem Älterwerden zumindest auf der bewussten Ebene zur nächsten Phase voranzuschreiten. Dies passiere vor allem bei den kleineren Mondphasen, die nur 10 Grad betragen, während bei den grossen Phasen von 30 Grad (Mondphase 1, 8, 15, 22) seiner Meinung nach die Menschen während ihres ganzen Lebens in der Phase ihrer Geburt verbleiben. Goldsmith ist allerdings der Meinung, dass es keine Möglichkeit gibt zu sagen, ob und wann jemand zu einer nächsten Phase überwechsle. Dies habe weitgehend damit zu tun, ob das Potenzial der Geburtsphase ausgeschöpft worden sei, sodass für das Wachstum neue Aufgaben erforderlich sind. Im Übrigen sei dies ein gradueller Prozess, der über längere Perioden ablaufe.

So erscheint es empfehlenswert, zumindest am Anfang unserer Studien uns an die Mondphase unserer Geburt zu halten und unseren Blick möglicherweise erst dann auf weitere Phasen zu richten, wenn wir die Thematik der Mondphase unserer Geburt sorgfältig vertieft haben.

Fussnoten

[1] Dane Rudhyar / Leyla Rael-Rudhyar: *Astrologische Aspekte: Der Schlüssel zur Deutung planetarischer Beziehungen,* Chiron Verlag, Mössingen 2007 (Originalausgabe: «Astrological Aspects – A Process Oriented Approach», Aurora Press, New York 1980)

[2] Dane Rudhyar / Leyla Rael-Rudhyar: *Der Sonne/Mond-Zyklus – Ein Schlüssel zum Verständnis der Persönlichkeit,* Edition Astrodata, Wettswil 1988

[3] *I Ging – Das Buch der Wandlungen,* Übersetzung von Richard Wilhelm, Eugen Diederichs Verlag, Düsseldorf/Köln 1972

[4] In der in Fig. 9 abgebildeten Variante von Barry Lynes (4. 7. 1776, 16.47 Uhr, Philadelphia), mit der ich seit 40 Jahren arbeite, steht die Sonne auf 13 Grad Krebs und der Mond auf 27 Grad Wassermann.

[5] Darby Costello: *The Astrological Moon,* CPA Press, London 1996 (Deutsch: «Der astrologische Mond», Chiron Verlag, Tübingen 2015

[6] Literaturpreise/Reden, siehe Website ingeborg-bachmann-forum.de

[7] Michael de la Bédoyère: *George Washington,* Harrap, London 1935

[8] Marilyn Busteed, Richard Tiffany, Dorothy Wergin: *Phases of the Moon: A Guide to Evolving Human Nature,* Shambhala, Boulder/Co. 1974.

[9] Martin Goldsmith: *Moon Phases – A Symbolic Key,* Whitford Press, 1988.

[10] Während Busteed und Wergin einen solaren und einen lunaren Aufteilungsschlüssel der Mondphasen propagieren, vereinfacht Goldsmith die Methodik dadurch, dass er den lunaren Schlüssel kippt und nur den – auch in diesem Buch verwendeten – solaren Schlüssel beibehält (beim lunaren Schlüssel werden die 360 Grad des Tierkreises gleichmässig in 28 Phasen aufgeteilt, die dementsprechend 12.857 Grad betragen, während die solaren Phasen eine Ausdehnung von 10 Grad bzw. 30 Grad haben).

[11] *A Vision – The Original,* «The Collected Works of W. B. Yeats», Vol. XIII., 1925 Version, edited by Catherine E. Paul and Margaret Mills Harper, S. 38, Übersetzung: Claude Weiss

[12] Idem, S. 37

[13] Idem, S. 68

[14] Idem, S. 69

[15] Idem, S. 74

[16] Idem, S. 80

[17] Idem, S. 85

[18] Idem, S. 93

Verwendete Horoskope mit Quellen- und Ratingangaben

Fig. 1: Radixhoroskop **Madonna** (GZQ: Zeitschrift «Astrolog», Nr. 32/1986, nach Penfield, C)

Fig. 2: Radixhoroskop **Franz Beckenbauer** (GZQ: Astro-Databank, AA)

Fig. 3: Karmisches Neumondhoroskop **XIV. Dalai Lama**

Fig. 4: Radixhoroskop XIV. **Dalai Lama** (GZQ: Astro-Databank, Zeitkorrektur nach ACS/Shanks, DD)

Fig. 5: Radixhoroskop **Roger Federer** (GZQ: Zeitung «SonntagsBlick», Monica Kissling, A)

Fig. 6: Radixhoroskop **Franklin D. Roosevelt** (GZQ: Astro-Databank, AA)

Fig. 7: Radixhoroskop **Emmanuel Macron** (GZQ: Astro-Databank, AA)

Fig. 8: Radixhoroskop **Friedrich II. von Preussen** (der Grosse) (GZQ: Astro-Databank, AA)

Fig. 9: Radixhoroskop **USA** (GZQ: Korrektur Barry Lynes, C)

Fig. 10: Radixhoroskop **Winston Churchill** (GZQ: Astro-Databank, A)

Fig. 11: Radixhoroskop **C. G. Jung** (GZQ: Zeitschrift «Astrolog»/Nr. 96, 1997, C)

Fig. 12: Radixhoroskop **Franz Kafka** (GZQ: Astro-Databank, DD)

Fig. 13: Radixhoroskop **Elvis Presley** (GZQ: Astro-Databank, AA)

Fig. 14: Radixhoroskop **Pierre-Auguste Renoir** (GZQ: Astro-Databank, AA)

Fig. 15: Radixhoroskop **Paul Cézanne** (GZQ: Astro-Databank, AA)

Fig. 16: Radixhoroskop **Isabelle Adjani** (GZQ: Astro-Databank, AA)

Fig. 17: Radixhoroskop **Warren Buffett** (GZQ: Astro-Databank, A)

Fig. 18: Radixhoroskop **Martin Luther** (GZQ: Astro-Databank, AA)

Fig. 19: Radixhoroskop **Donald Trump** (GZQ: Astro-Databank, AA)

Fig. 20: Radixhoroskop **Andrew Jackson** (GZQ: Astro-Databank, DD)

Fig. 21: Radixhoroskop **Ingeborg Bachmann** (GZQ: Astro-Databank, AA)

Fig. 22: Radixhoroskop **Alexander Ruperti** (GZQ: Korrektur A. Ruperti)

Fig. 23: Radixhoroskop **Otto von Bismarck** (GZQ: Astro-Databank, AA)

Fig. 24: Radixhoroskop **Luis Buñuel** (GZQ: Astro-Databank, A)

Fig. 25: Radixhoroskop **Nostradamus** (GZQ: Astro-Databank, DD)

Fig. 26: Radixhoroskop **Jane Roberts** (GZQ: Astro-Databank, A)

Fig. 27: Radixhoroskop **Karl Marx** (GZQ: Astro-Databank, AA)

Fig. 28: Radixhoroskop **Franz Joseph I.** (GZQ: Astro-Databank, A)

Fig. 29: Radixhoroskop **Marlon Brando** (GZQ: Astro-Databank, A)

Fig. 30: Radixhoroskop **William Butler Yeats** (GZQ: Astro-Databank, AA)

Fig. 31: Radixhoroskop **Islam: Hedschra** (GZQ: Nicholas Campion, «Das Buch der Welthoroskope»)

Ihr Mond und seine Geheimnisse

Entdecken Sie die verborgenen Facetten Ihrer Seele

Der Mond symbolisiert die mysteriöse Welt des Unbewussten, der Ahnungen und des intuitiven Wissens. Er steht für das geheimnisvolle Reich unserer Gefühle sowie für unseren Wunsch nach Zugehörigkeit und Geborgenheit. Dabei entscheidet die Art und Weise, wie gut wir mit der Welt unseres Mondes verbunden sind und unsere Bedürfnisse befriedigt werden, weitgehend über Glück und Zufriedenheit in unserem Leben. In einer Zeit wie der unsrigen, die durch permanenten Wandel und Beschleunigung geprägt ist, erhalten diese Bedürfnisse jedoch häufig zu wenig Aufmerksamkeit. Diese Analyse hilft Ihnen, zu erkennen, was Ihnen gut tut und was Sie brauchen, um emotionale Erfüllung im Leben zu finden.

Der Mond steht darüber hinaus aber auch für die verschiedenen Facetten unserer Seele und verbindet uns mit unserer Familie, unserer Vergangenheit und unseren Ahnen. Wie diese Zusammenhänge in Ihr Leben hineinwirken und wie stark sie Ihre Persönlichkeit prägen, erfahren Sie ebenfalls in dieser Analyse.

24–36 Seiten

ASTRODATA

Zu bestellen bei: ASTRODATA, Chilenholzstrasse 8, CH-8907 Wettswil
Tel. 0041 (0) 43 343 33 33, Fax: 0041 (0) 43 343 33 43, E-Mail: info@astrodata.ch
Internet: **www.astrodata.com**